ÉTUDE

SUR LE

TRAITÉ DU LIBRE ARBITRE

DE VAUVENARGUES.

THÈSE POUR LE DOCTORAT

PRÉSENTÉE

A LA FACULTÉ DES LETTRES DE RENNES

PAR L'ABBÉ M. MORLAIS,

Ancien élève de l'École des Carmes.

PARIS

ERNEST THORIN, ÉDITEUR

7, RUE DE MÉDICIS, 7

—

1881.

ÉTUDE

SUR LE

TRAITÉ DU LIBRE ARBITRE

DE VAUVENARGUES.

ÉTUDE

SUR LE

TRAITÉ DU LIBRE ARBITRE

DE VAUVENARGUES.

<hr>

THÈSE POUR LE DOCTORAT

PRÉSENTÉE

A LA FACULTÉ DES LETTRES DE RENNES

PAR L'ABBÉ M. MORLAIS,

Ancien élève de l'École des Carmes.

<hr>

RENNES,

TYPOGRAPHIE OBERTHUR & FILS, FAUBOURG DE PARIS, 42.

—

1881.

A MES PARENTS.

Les questions qui font l'objet de cette Étude sont
très ardues : il n'est pas facile, dans ce labyrinthe
du libre arbitre, de se faire jour à travers les difficultés du sujet et les contradictions des philosophes.
Nous avons été plus d'une fois tenté de reculer
devant la témérité de notre entreprise, mais la
conviction que nous faisions une œuvre utile, et
qu'il est opportun plus que jamais de raffermir dans
les âmes la notion du libre arbitre et des devoirs
qu'il nous impose, nous a soutenu jusqu'au bout.
D'ailleurs, comme toutes les vérités qui intéressent
notre destinée, le problème du libre arbitre ne
peut nous laisser indifférents : il s'impose à nos méditations. Le mystère avec son incompréhensibilité

nous éloigne et nous effraye, mais la vérité qu'il nous laisse entrevoir nous charme et nous attire. Nous ne pouvions donc pas, malgré le sentiment de notre faiblesse et de notre insuffisance, abandonner, après l'avoir commencée, une étude qui ne nous abandonnait pas elle-même, et dont notre esprit ne pouvait se détacher. Avec Vauvenargues, l'objection se dépouille des formes scolastiques et se revêt des agréments du style, pour s'insinuer dans un plus grand nombre d'esprits : nous avons essayé de rendre notre réponse accessible à tous, en parlant le langage de tout le monde, et de ne laisser à nos explications que l'obscurité qui tient à la nature même du sujet, avouant simplement notre ignorance, lorsque la lumière nous fait défaut.

Outre les difficultés inhérentes au sujet, ce qui rend encore cette étude plus délicate, et ce qui peut-être aurait dû nous décourager tout à fait, c'est que la question déjà si épineuse du libre arbitre se complique de la question de la grâce, qui n'est pas moins mystérieuse et insondable. Vauvenargues, pour étayer son système, fait souvent appel aux mystères de la foi : nous devions le suivre sur ce terrain. Mais cette partie de notre travail nous oblige à faire des réserves. La raison de l'homme est si faible qu'il lui est impossible, à moins d'une assistance particulière, de ne pas défaillir dans l'interprétation des pensées divines. L'esprit le plus sûr et le plus versé dans la science de Dieu ne peut, sans appréhension, livrer au public le fruit de ses études : pour nous, qui ne pouvons nous recommander que de notre bonne foi et de notre bonne volonté, nous éprouvons le besoin, avant d'aborder des problèmes qui touchent de si près à l'essence de la vraie religion, de soumettre notre Étude au jugement de l'Église et de condamner d'avance ce qu'elle pourrait renfermer de téméraire ou d'inexact.

INTRODUCTION.

———

Vauvenargues est surtout connu comme moraliste : c'est par ses maximes qu'il se recommande principalement à l'attention de la postérité. Mais la réflexion morale ne va pas sans une certaine vue de la nature humaine, sans un certain idéal de vertu et de bien, sans une théorie générale plus ou moins précise et explicite sur l'activité de l'homme et sa destinée. Tout moraliste est, qu'il le veuille ou non, quelque peu philosophe, et l'on trouve des traces de métaphysique dans nos plus grands écrivains moralistes. Montaigne est sceptique : il se fait un mol oreiller de son ignorance et de son incuriosité. La Rochefoucauld est pessimiste : pour lui l'amour-propre n'est pas un des traits de la nature humaine, c'en est le fonds et la substance. Pascal trouve dans le mystère du péché originel l'explication de toutes nos défaillances : « Le nœud de notre condition prend ses replis et ses tours dans cet abîme. » La Bruyère, qui n'est guère plus indulgent, cherche à nous faire rougir et à nous ramener au bien par la peinture des vices et des travers qu'il a observés et mis à nu dans les différentes classes de la société. Vauvenargues, venant après tous ces grands hommes, sera, lui aussi, philosophe à sa manière. Ses devanciers avaient calomnié la nature humaine, il se fait un devoir de la réhabiliter et de réconcilier l'homme avec lui-même. « L'homme, dit-il dans l'une de ses maximes, est en disgrâce chez tous ceux qui pensent, et c'est à qui le chargera de plus de vices, mais peut-être est-il sur le point de se relever et de se faire restituer ses vertus (1). » Pour le philosophe chrétien, la passion est le grand obstacle à la vertu : les plus emportés anéantiraient volontiers l'âme humaine pour triompher plus facilement de ses vices. Vauvenargues ne se contentera pas de leur opposer le cri de la nature et de protester au nom du sens commun, il dépassera le but et se fera l'apôtre de la passion sous toutes ses formes, au lieu de lui donner des règles et de lui assigner de justes limites.

Mais il ne suffit pas de faire l'éloge des passions, il faut encore essayer de les justifier et de les concilier avec la vertu. Vauvenargues l'a compris : il s'en explique très clairement dans le fragment que M. Gilbert, son dernier éditeur, nous a donné sous le titre de *Plan d'un livre de philosophie :* « Je voudrais, y est-il dit, qu'on prouvât la réalité de la vertu et celle du vice, qu'on expliquât la religion et la mo-

---

(1) *Maximes et Réflexions*, 219. — Pour toutes les citations de Vauvenargues nous renvoyons à l'excellente édition de M. Gilbert. — Paris, 1857, Furne, 2 vol. in-8°.

rale et que l'on remontât aux principes de l'une et de l'autre (1). »

Il a essayé pour la morale, dit Laharpe, ce que Pascal avait essayé pour la religion, confondre le pyrrhonisme et asseoir la vérité morale sur une base inébranlable. C'est le but qu'il poursuit dans son *Introduction à la connaissance de l'esprit humain;* mais nulle part il n'a formulé ses idées philosophiques avec plus de méthode et d'ensemble et ne les a poussées plus avant que dans son *Traité du libre arbitre.*

Cet opuscule, qui est peu connu, nous a paru très intéressant et digne d'un examen spécial. A l'importance du problème, qui de lui-même réclame notre attention, s'ajoute le charme et l'élégance de la diction. Pour Vauvenargues, la philosophie et le beau langage ne sont pas incompatibles, et le *Traité du libre arbitre* est une œuvre à la fois littéraire et philosophique. Peut-être l'élégance et les préoccupations littéraires de l'écrivain nuisent-elles à l'exactitude et à la précision du philosophe. C'est une question que nous aurons bientôt à résoudre, mais on ne peut nier que cet essai ne soit d'une lecture attrayante. Une autre source d'intérêt, c'est que l'auteur est original : son *Traité* n'est pas une œuvre d'érudition. C'est l'effort d'une pensée qui cherche sa voie et essaye de se rendre compte d'elle-même.

(1) *Fragments*, t. II, p. 69.

On y trouve des hésitations, et, ce qui est pis, des contradictions; mais ces contradictions sont moins le reflet de
systèmes opposés qui se disputent l'intelligence du jeune
philosophe, que la naïve expression d'un esprit qui n'est
pas encore sûr de lui-même et qui essaye d'introduire la
lumière dans les notions confuses qui se trouvent primitivement au fond de toute intelligence.

Vauvenargues essaye de tout concilier, et plutôt que de
rester sans solution et d'avouer son impuissance en présence
des difficultés qu'il rencontre, il s'enfonce de plus en plus
résolûment dans son système. Faute de pouvoir changer les
choses, il altère la valeur des mots et trouve une réponse à
tout. Si le problème n'est pas résolu, il a du moins trouvé
une formule. Il se sera sans doute aidé du travail de ses
devanciers et aura consulté ceux qui avaient agité la même
question avant lui; mais, outre que nous le voyons préoccupé de ce problème dès sa jeunesse, avant qu'il se fût
décidément adonné à l'étude, on trouve peu de traces
d'érudition dans sa rédaction définitive. C'était plutôt un
contemplatif qu'un savant : il a souvent trouvé dans ses méditations des arguments que d'autres auraient cherchés dans
les livres.

Nous ferons comme lui : nous le suivrons pas à pas dans
cette étude, essayant de découvrir le progrès et les déviations
de sa pensée; mais nous n'avons pas cru qu'il fût nécessaire
de remuer tous les documents où se retrouve la même

doctrine. Bien qu'originale, sa théorie n'est pas nouvelle :
elle se rattache d'un côté aux systèmes fatalistes de l'antiquité, et de l'autre, aux diverses formes du déterminisme
moderne. Vouloir embrasser tous ces systèmes dans une
même thèse serait entreprendre une œuvre impossible.
Nous attachant donc exclusivement au *Traité du libre
arbitre* de Vauvenargues, nous essayerons 1º de remonter
à son origine et d'en indiquer les sources; puis, après avoir
analysé la doctrine qu'il contient, nous essayerons 2º d'en
faire voir la fausseté et de relever l'excellence et la réalité
du libre arbitre méconnu par Vauvenargues.

PREMIÈRE PARTIE.

CHAPITRE I.

Physionomie morale de Vauvenargues.

Vauvenargues appartient à cette famille d'écrivains médi-
tatifs et ingénus, qui ne sont connus que par leurs ouvrages.
Trop fier et trop timide pour confier à qui que ce fût ses plus
secrets sentiments, il n'a communiqué son âme que dans ses
écrits et dévoilé ses traits que sous le couvert de l'anonyme.
L'amour de la gloire a trahi son secret, et chaque page de
ses ouvrages porte l'indice de l'ambition dont son âme était
éprise. La même hauteur, qui l'empêchait de s'épancher
dans le cœur d'un ami, lui faisait un devoir de se justifier à
ses propres yeux et de protester contre les outrages de la
fortune. Ayant conscience de la noblesse de ses sentiments
et de l'élévation de ses pensées, il s'isole et se concentre en
lui-même; ne se trouvant pas à sa place dans le monde, il
demande à l'étude et à la méditation un aliment d'activité
que l'injure de la fortune et la médiocrité de sa condition lui
refusaient. Ses écrits sont le reflet de cette vie intime et re-

tirée qu'il vivait avec lui-même, et son dernier éditeur a pu dire que son livre n'est presque d'un bout à l'autre que le testament d'une âme qui s'interroge et nous rend compte d'elle-même.

Tout écrivain se peint dans son ouvrage, même à son insu, et pour entrer dans l'esprit d'un auteur rien n'est plus important que l'étude comparative de sa vie et de ses ouvrages. Telle pensée, telle théorie incompréhensible prise isolément, s'éclaire tout à coup d'une vive lumière lorsqu'on la remet dans son milieu, et qu'on l'étudie dans l'âme et dans les dispositions d'esprit de celui qui l'a mise au jour. Pour comprendre l'auteur, il faut donc connaître l'homme ; pour se faire une juste idée d'un ouvrage, il faut remonter à son origine et le saisir en voie de formation dans l'intelligence qui l'a conçu. Ceci est vrai surtout de Vauvenargues et de ses ouvrages. Nul ne s'est produit avec plus de candeur et de sincérité dans ses écrits. Connaissant l'homme nous comprendrons mieux l'écrivain : en étudiant l'un nous aurons la bonne fortune d'apprendre à connaître l'autre, et de trouver dans la vie et les actions du jeune gentilhomme, le secret et l'application des maximes et réflexions du moraliste.

Dans un esprit bien fait, toutes les aspirations se dirigent vers un même but, toutes les pensées gravitent vers un même idéal : de bonne heure on se fait de la vie et de la réalité une certaine opinion dans laquelle l'étude et l'expérience ne font que nous confirmer. Lorsqu'un philosophe se décide à livrer sa doctrine au public et à la résumer dans un traité spécial, pour la bien saisir, il faut donc la rapprocher des ouvrages moins dogmatiques qui lui ont servi d'ébauche ou de complément. Pour Vauvenargues, nous trouverons dans son *Introduction à la connaissance de l'esprit humain*, dans ses *Maximes et Réflexions*, dans ses *Discours* et ses *Portraits,* dans ses *Dialogues* et dans ses lettres, dans tout ce qui est sorti de sa plume, en un mot, l'indication ou le développement de la doctrine qu'il a condensée dans son *Traité du libre arbitre*. Nous sommes ainsi amené à esquisser le caractère de Vauvenargues, afin de mieux comprendre la portée de ses écrits ; et à dégager sommairement l'esprit de tous ses ouvrages, afin de saisir la vraie signification de son *Traité du libre arbitre*. Dans le chapitre suivant, nous essayerons de déterminer les causes extérieures et les diverses influences qui ont amené Vauvenargues à étudier la question du libre arbitre, et ont préparé dans son esprit la solution qu'il nous a proposée.

I.

Les premières années de Vauvenargues sont peu connues. Les lettres publiées par M. Gilbert ne remontent pas au delà de 1737, et sont postérieures au discours sur la liberté, écrit à Besançon. Heureusement l'une de ces lettres, adressée au marquis de Mirabeau, renferme des renseignements précieux sur le caractère et l'éducation du jeune gentilhomme. Il nous apprend, en effet, qu'à quinze ans il était fou de la *Vie des hommes illustres* de Plutarque, qu'il admirait Sénèque et s'enthousiasmait pour les lettres de Brutus à Cicéron. « Je mêlais ces trois lectures, écrit-il, et j'en étais si ému que je ne contenais plus ce qu'elles mettaient en moi ; j'étouffais, je quittais mes livres et je sortais comme un homme en fureur. »

Vauvenargues adolescent nous apparaît ici animé de la même ardeur et épris de la même ambition que nous lui retrouverons plus tard. Son âme se révèle tout entière dans cet enthousiasme pour les grandes choses et pour les grandes idées. Il trouvait déjà dans le souvenir des grands hommes, et dans la méditation des fortes maximes qui les ont formés, un aliment à sa double passion d'agir et de comprendre. Il portait en lui le germe des vertus qui font les hommes courageux et des vérités qui font les penseurs, et son ardeur juvénile s'enflammait au contact de l'héroïsme et de la sagesse. La passion de la gloire et la passion des lettres, là est tout Vauvenargues. Tel il sera jusqu'à la fin de sa vie : nous le verrons constamment partagé entre le désir de l'action et l'amour de l'étude. On l'avait pris tout d'abord pour un philosophe et un ami des lettres. Depuis que sa correspondance avec Mirabeau et Saint-Vincens a été publiée, on ne veut voir en lui que l'ambitieux et l'homme de manège. La vérité, selon nous, se trouve, comme il arrive souvent dans les questions de fait, entre ces deux extrêmes, dans la proposition qui concilierait ces deux opinions exclusives et ferait voir dans Vauvenargues deux personnages ordinairement distincts, le contemplatif et l'homme d'action. C'était une riche et puissante nature dont les facultés se faisaient équilibre. Chez lui le cœur et l'intelligence avaient une égale activité et semblaient se disputer la prééminence. Ce qu'il accordait à l'un était aussitôt contrarié par l'autre. Se décidait-il à prendre le parti des armes, l'amour des lettres le ressaisissait dans les loisirs de la vie de garnison. Plus tard, lorsque sa santé l'oblige à quitter le service militaire, il se réfugie dans le sanctuaire des lettres, mais il aura des retours vers la vie active et portera envie aux hommes qui se disputent le pouvoir et les honneurs : presque mourant il regrettera de ne pouvoir prendre les armes pour aller au secours de la Provence envahie. C'est là un des traits qui caractérisent notre jeune philosophe, son hésitation entre la vie active du guerrier ou de l'homme d'État et les studieux loisirs du moraliste et de l'écrivain. La mort l'a surpris avant qu'il se fût complètement résigné à ce dernier rôle. Les pénibles circonstances dans lesquelles il a vécu ne lui ont pas permis de faire son choix, ni de se prononcer d'une manière définitive. Avec une santé plus robuste peut-être se serait-il engagé dans la voie des honneurs pour lesquels il avait une forte inclina-

tion, ou plutôt, désespérant, après une tentative impuissante de rompre les barrières que lui opposaient la société
et la médiocrité de sa fortune, se fût-il exclusivement consacré à l'étude. Nous croyons qu'il était né pour la culture
morale et les belles-lettres ; comme M. Nisard, nous aimons
à nous le représenter sous la physionomie d'un rêveur
aimable, épris d'admiration pour toutes les gloires et les
ambitionnant tour à tour. Cependant il se croyait né pour
les affaires. Il avait beaucoup d'ardeur et de perspicacité.
Il avait percé à jour la petitesse des gens en place, et il se
flattait de pouvoir les dominer par la pénétration de ses vues
et la fécondité de ses ressources. Noble illusion ! Si ses vœux
avaient été réalisés, il se serait bientôt vu condamné à l'iso-
lement ; il avait trop de hauteur et de fierté dans l'âme pour
recourir aux basses manœuvres des intrigants vulgaires, il
aurait émoussé la noblesse de son caractère sans profit pour
ses intérêts. Il avait exilé les plaisirs dès sa jeunesse et
n'avait rien négligé pour cultiver son esprit et se mettre en
mesure d'occuper un poste honorable. Quand ses infirmités
ne lui permirent plus de porter les armes, il sollicita un
emploi auprès de M. Amelot, ministre des affaires étrangères. Voyant que ses démarches n'aboutissaient pas, il lui
écrivit une lettre où éclate malgré lui son indignation :
« J'ai passé, Monseigneur, toute ma jeunesse loin des dis-
tractions du monde, pour tâcher de me rendre capable des
emplois où j'ai cru que mon caractère m'appelait, et j'osais

penser qu'une volonté si laborieuse me mettrait, du moins, au niveau de ceux qui attendent toute leur fortune de leurs intrigues et de leurs plaisirs. » Ce sont là de fières paroles, et qui à elles seules recommanderaient Vauvenargues à l'attention des honnêtes gens. Cependant il ne se faisait pas d'illusion ; quelques jours après l'envoi de cette lettre il écrivait à son ami Saint-Vincens, 29 janvier 1744 : « Vous serez peut-être surpris, mon cher Saint-Vincens, de l'idée de ces lettres : je n'ai jamais compté qu'elles réussissent... J'ai toujours fait ce que j'ai pu pour mériter une fortune moins obscure, je sais de quel œil on regarde l'ambition d'un homme qui se fonde sur de tels titres. » Le voilà donc condamné à demander aux lettres la gloire qu'il ne peut plus attendre de la vie publique. Il est regrettable qu'il ne s'y soit pas résigné plus tôt, il nous aurait laissé, au lieu des fragments et des essais que nous étudions, des œuvres immortelles, il n'aurait pas épuisé ses forces en les dispersant dans toutes les directions, ni abrégé ses jours dans la recherche des honneurs, il eût mérité de prendre place parmi les écrivains qui honorent le plus la langue française.

Peut-être aussi n'était-il pas assez fortement trempé pour mener à bout un dessein suivi, peut-être n'avait-il pas assez de force et d'étendue dans l'esprit pour exécuter le plan de philosophie qu'il s'était proposé, ni assez de vigueur et de souplesse dans le caractère pour remplir les fonctions politiques auxquelles il aspirait. Curieux de connaître, il avait le regard trop compréhensif et l'esprit trop irrésolu pour s'attacher à la réalité et prendre goût aux détails de son métier : épris de l'amour de la gloire, il n'avait pas l'âme assez libre ni l'esprit assez discipliné pour embrasser la vérité dans son ensemble et se captiver sous le joug d'un système.

Porté naturellement aux grandes choses, il n'était pas homme à se heurter de front contre les difficultés et à trouver son bonheur dans l'exercice pénible et les laborieux efforts de la vertu; mais nul doute que sa complexion faible et maladive n'ait aggravé en lui ces dispositions au laisser aller, à l'obéissance passive aux impulsions de la nature. Le premier effet de la maladie est de détendre les ressorts de la volonté : cette force par excellence, à laquelle toutes les autres viennent aboutir, subit immédiatement le contre-coup de toute atteinte portée à l'une de nos facultés. Quelquefois la douleur aiguise l'intelligence, exalte l'imagination, avive le sentiment, toujours elle affaiblit et déconcerte la force du vouloir. Nos maladies suspendent nos vertus et nos vices, dit Vauvenargues dans l'une de ses maximes. Il nous donne aussi dans ses lettres l'explication de sa faiblesse et de ses irrésolutions. « Il n'y a, écrit-il, le 16 janvier 1740, au jeune marquis de Mirabeau, ni proportion, ni convenance entre mes forces et mes désirs, entre ma raison et mon cœur, entre mon cœur et mon état, sans qu'il y ait plus de ma faute que de celle d'un malade qui ne peut rien savourer de tout ce qu'on lui présente, et qui n'a pas en lui la force de disposer de ses organes et de ses sens, ou de trouver des objets qui leur puissent convenir. Tout ce qui pourrait me plaire est à mille lieues de moi ; mais je ne veux point me contraindre, j'aimerais mieux rendre ma vie. » L'aveu est complet : il ne veut pas se contraindre et se fait un point d'honneur de suivre ses inclinations. N'ayant pas le courage de contrarier ses passions, il essaye de les justifier et prétend échapper à l'esclavage des maximes des philosophes en ne consultant que son cœur. Son état maladif, plus encore que ses déceptions, le mettait ainsi sur la voie du fatalisme. Il est actif et dévoré d'ambition, mais son activité est toute fébrile ; ses organes sont surexcités, son âme n'est pas maîtresse ; elle active le mouvement bien plus qu'elle ne le dirige. Il est généreux, mais indécis ; patient, mais irrésolu. Il aime le mouvement de l'âme qui se déploie plus que l'effort qui la met en jeu ; il aime le tumulte et l'agitation des passions plus que la vertu qui les apaise et les dompte. C'est un délicat qui ne veut que des plaisirs faciles et des vertus qui ne coûtent rien. Sans doute il a vaillamment supporté l'adversité, mais, il nous le déclare lui-même, son courage est moins une vertu méritoire qu'un don de son excellente nature. Il est d'abord soutenu par l'ambition, par l'espoir d'arriver à la célébrité ; puis, quand la maladie a ruiné ses forces, il se résigne silencieusement à la loi du destin. Il ne se plaint, ni ne se révolte ; il subit les coups du sort, il ne se livre pas, il s'abandonne et meurt avant d'avoir vécu. Sa vie n'a été qu'une tentative ; il n'a pas posé le pied sur le roc inébranlable de la réalité, pour de là s'élancer avec assurance dans les libres espaces. Il s'est agité, il a cultivé son esprit et déployé son âme à tous les souffles ; mais foulant aux pieds les lois de la raison et infidèle à la liberté, il n'a pas connu les joies austères de la vertu et les espérances immortelles qui l'accompagnent. Esclave volontaire de la nature, il n'a pas élevé sa vie à la hauteur du Christianisme ; esprit élevé et délicat, âme active et généreuse, il a honoré la nature humaine par ses belles qualités, il ne l'a pas rehaussée par son mérite ; volonté maladive et chancelante, il n'a pas eu le courage d'asseoir sa vie dans la région sereine du devoir et de l'immortalité.

II.

L'indécision que nous avons remarquée dans la vie de Vauvenargues se retrouve dans ses écrits. Tantôt il exalte la vertu qu'il confond le plus souvent avec la gloire, tantôt il vante la raison qu'il sacrifie d'ordinaire au sentiment. Les contradictions abondent, mais ses idées et ses sentiments habituels le poussaient vers le fatalisme. Aussi son premier ouvrage, *Discours sur la liberté,* est-il consacré à l'exposition de cette doctrine. Les malades sont indulgents, il nous le dit lui-même, ils sont plus humains et moins dédaigneux que les autres hommes. Or, il fut toute sa vie faible et maladif. Il avait d'ailleurs un grand fonds de douceur et de générosité : ses camarades l'appelaïent « le Père. » Enthousiaste pour le bien, épris de l'amour des passions nobles, il ne voulait pas croire au mal ; sensible et compatissant, il est plus porté à plaindre les hommes qu'à les condamner. Il est homme, et reconnaît en lui toutes les faiblesses de l'humanité ; bien plus, il s'en fait honneur. Jeune et ardent, il croit à la générosité et au désintéressement, et s'il voit le mal autour de lui, il l'attribue non à la volonté coupable et intéressée, mais à la fatalité des circonstances et à l'entraînement des passions. C'est ainsi qu'il se console de son infortune, et qu'il invite les malheureux à ne pas s'accuser eux-mêmes et à ne pas maudire un sort qu'ils ne pouvaient éviter.

Dans sa réflexion sur l'impuissance du mérite, il reproche « aux misérables de ne pas oser s'avouer leur impuissance et le désavantage de leur position, et de se regarder comme les complices de leur malheur, tant ils ont de peine à se persuader qu'ils ne sont pas nés les maîtres de leur fortune. »

L'insuffisance de l'éducation de Vauvenargues, et à défaut de maître, l'influence qu'exercèrent sur lui ses premières lectures, durent singulièrement favoriser ses dispositions au déterminisme. Il n'avait reçu, à cause de sa santé, qu'une instruction fort incomplète. Laissé à lui-même, lancé de bonne heure dans la vie des camps, il se débrouilla comme il put, et l'idée qu'il se fit de la destinée humaine n'était pas de nature à exalter en lui le sentiment de la liberté. Il nous a dit lui-même, dans une lettre déjà citée, quels avaient été ses premiers maîtres dans l'art de la vie. Les actions héroïques et les généreux sentiments font plus d'impression sur un jeune homme de seize ans que la sombre peinture de nos misères et de nos faiblesses. Ayant à choisir entre les fières maximes de Plutarque et de Sénèque et les dures invectives de Pascal et de la Rochefoucauld, il se prononça pour la doctrine qui répondait le mieux à ses dispositions. Nos moralistes chrétiens prenaient plaisir à abaisser et à calomnier la nature humaine : il s'indigne contre « ces philosophes qui semblent avoir pris à tâche de détourner l'homme de sa fin en lui ôtant l'espérance ou l'estime de la gloire. » Tel n'était pas l'enseignement qu'il avait retiré de la *Vie des hommes illustres* et des *Lettres à Lucilius*. Il s'était enthousiasmé pour les grands hommes de l'antiquité, et à l'exemple de Brutus, il avait appris à estimer par-dessus tout la hauteur et la fierté, le courage et la gloire. De son aveu, pendant deux ans, il fut stoïcien de la meilleure foi du monde. Il ne tarda pas à revenir de cet excès, et comme son héros de prédilection, il dit à son tour : « Vertu, tu n'es qu'un fantôme ! » Mais il avait puisé, pour ne jamais les perdre, dans le commerce de ces grands hommes, une vive admiration pour les grandes actions, un invincible amour de la gloire et de l'humanité. Sa nature magnanime et généreuse protestait d'ailleurs contre les exagérations de ces philosophes pessimistes, qui « méprisent tout dans le genre humain et se font une gloire misérable de n'en montrer jamais que la faiblesse. » Il se sentait, comme il le dit lui-même, « susceptible d'amitié, de justice, d'humanité, de compassion et de raison. »

Dès lors, son parti est arrêté ; toute sa vie il n'aura qu'un but : « restituer au genre humain ses vertus, » non pas ces « qualités imaginaires que la philosophie a inventées et qu'elle peut facilement détruire, puisqu'elles sont son ouvrage, » mais la véritable vertu, « celle qui est l'ouvrage de la nature et qui consiste principalement dans la bonté et la vigueur de l'âme (296). »

La Rochefoucauld ne découvrait que calcul et égoïsme dans les actions les plus désintéressées, Pascal ne voyait que faiblesse et frivolité dans les affections les plus légitimes ; Vauvenargues essayera de montrer que le cœur est le maître de la vie humaine, et qu'il n'y a pas de loi supérieure au sentiment. « L'homme vertueux ne doit qu'à lui-même compte de ses actions, il n'a qu'à suivre ses passions nobles, elles ne peuvent l'égarer, la nature nous trompe moins souvent que la raison. » Cyrus, dit-il, c'est l'un des nombreux portraits dans lesquels il aimait à se peindre lui-même : « Cyrus suit avec indépendance tous ses sentiments, et subordonne toutes les règles à son instinct, comme un homme qui se croit maître de son sort et ne répond qu'à soi de sa conduite. » Combattre, étouffer ses passions, sous prétexte qu'elles sont déréglées, c'est sortir de l'humanité et courir après un fantôme. « Il n'y a point de contradiction dans la nature. Le mal est la condition d'un plus grand bien ; aidons-nous des mauvais motifs pour nous fortifier dans nos bons desseins. » Telles sont les pensées qui reviennent le plus souvent sous sa plume : il les répète à satiété et les reproduit sous mille formes, dans ses *Conseils à un jeune homme* aussi bien que dans ses *Maximes,* dans ses *Caractères,* aussi bien que dans ses *Dialogues.* Dans son *Traité du libre arbitre* il ne fera que tirer les conclusions de ces diverses prémisses qu'il a disséminées çà et là dans ses écrits, ou plutôt, pour être exact, car le *Discours sur la liberté* est le premier en date, sa théorie de la nécessité et de l'enchaînement universel est le fondement métaphysique et l'explication de ses prescriptions morales et de ses conseils. Comme l'a judicieusement remarqué un éminent critique, « les fragments de Vauvenargues où est traitée à fond la question du libre arbitre, éclairent le reste de ses écrits et sont éclairés par eux d'une vive lumière. C'est le point d'appui de sa vive et continuelle argumentation contre ceux qui confondent la vertu avec la lutte de l'homme contre lui-même, et qui font de l'effort le signe du bien (1). »

(1) Prévost-Paradol, *Études sur les moralistes français.*

Vauvenargues fait profession d'obéir à la nature. Ce sont mes inclinations, écrit-il à Mirabeau, qui m'ont rendu philosophe, ou du moins qui m'en ont donné le titre... « Ma philosophie consiste proprement dans l'amour de l'indépendance, et le joug de la raison lui serait plus insupportable que celui des préjugés. » Ces paroles nous révèlent le fond de son âme. Sa vie sera le fidèle reflet de ses inclinations, et ses écrits n'auront pas d'autre autorité que celle de sa morale. Ce qui lui fait le plus défaut, c'est peut-être la vertu qu'il désire le plus, la grandeur. Quand on y regarde de près on voit qu'il est enfermé dans son moi, que sa nature est tout son horizon. Le sentiment de la réalité et l'intelligence de la nature l'abandonnent, passé certaines limites, en deçà comme au delà de la région sentimentale qu'il habite. Ne reconnaissant pas à la raison son excellence et son autorité, il se fait, au nom d'une chimérique indépendance, l'esclave de ses impressions, de son humeur et de son ambition. Cependant, comme il a l'âme haute et généreuse, il ne laisse pas de garder un certain air d'indépendance ; il se déclare ennemi de tout ce qui sent la frivolité et l'affectation. Il ne hait rien tant que la vanité, la prétention, la paresse et le désœuvrement ; il met sa gloire à braver les caprices de la mode et les mœurs de convention. Sa nature lui sert de règle et de modèle : il n'approuvera dans autrui que ce qu'il aura éprouvé lui-même, et critiquera ce qui le dépasse comme ce qui ne l'atteint pas, l'héroïsme dans les personnages de

Corneille, aussi bien que l'égoïsme dans les maximes de la Rochefoucauld. Mais l'homme ne peut trouver de liberté véritable que dans l'accomplissement du devoir, et ceux qui veulent échapper aux rigueurs de la vertu sont obligés de céder aux exigences des passions et de plier sous leur joug. La gloire que Vauvenargues poursuit comme une nécessité de sa nature lui fait un devoir de compter avec les passions et les préjugés des hommes, car la gloire qu'il cherche, ce n'est pas celle qui vient de Dieu, mais celle qui vient des hommes. Il est vrai qu'il la veut pure et légitime : mais le moyen de faire admirer son mérite, si on ne lui donne de l'éclat, de faire connaître son génie, si on ne prend pas soin de le faire briller? Comme c'est la gloire et non la vérité qu'il recherche avant tout, le fond importe moins que la forme, la sincérité de la pensée moins que la beauté de son expression. Et Vauvenargues passera une partie de sa vie à polir des phrases, à raffiner et renchérir sur les écrivains qui lui servent de modèle, à copier et recopier les fragments d'un ouvrage qu'il n'achèvera jamais, et tout cela pour acheter les faveurs d'une gloire posthume et dont il ne jouira pas. On se demande même si ses écrits ne sont pas souvent un exercice de style ou de raisonnement, un jeu dans lequel il essaye de contrefaire la gravité de Pascal et l'enthousiasme de Bossuet. Le caractère bien connu de Vauvenargues, sa franchise, sa loyauté ne nous permettent pas de nous arrêter à cette hypothèse; il n'aurait pas voulu, il en aurait rougi à ses propres yeux, émettre des opinions qu'il aurait jugées fausses, mais il a pu écrire des choses qu'il ne croyait pas ou qu'il croyait faiblement, et faire montre de style à défaut de conviction. L'*Imitation* de Pascal et la *Méditation sur la foi* ne sont pas d'un esprit profondément convaincu. Qu'il y a loin de ces périodes habilement cadencées, de ces mots sonores et harmonieux, aux âpres accents, aux violents déchirements de l'âme de Pascal! Quelle différence entre ces pages décentes et soignées et la prière austère et résignée sur le *Bon usage des Maladies!*

Il échappe parfois à notre jeune philosophe de mettre la vertu au-dessus de la gloire. « On doit se consoler de n'avoir pas les grands talents, comme on se console de n'avoir pas les grandes places, on peut être au-dessus de l'un et de l'autre par le cœur » (*Réflexions,* 68). Mais l'éloge de la gloire revient trop souvent dans ses écrits, et le souci de la renommée est trop manifeste dans ses actions pour qu'il nous soit permis de prendre pour l'expression de sa pensée habituelle quelques aveux arrachés à sa faiblesse ou à sa bonne foi. Il n'est pas impossible que, même en cet endroit, il cherchât à se dédommager des grandes places qu'il ne pouvait atteindre, en déclarant qu'il était au-dessus d'elles par le cœur.

Malade et ambitieux, Vauvenargues n'avait pas la force d'atteindre ce qu'il avait rêvé. Emprisonné dans les fers qu'il s'était forgés lui-même, il ne sentait plus sa liberté, mais il sentait le prix de son effort, et l'action le faisait vivre. Si, plutôt que d'avouer sa faiblesse et l'excès de son ambition, il rejetait ses fautes et ses déceptions sur l'infirmité de la nature humaine ; d'un autre côté il comprenait que le devoir de l'homme c'est d'agir, de développer et de fortifier ses facultés par le travail et par l'étude. Et pour que personne n'essaye de se soustraire à cette obligation, il rattache la nécessité des actions humaines à l'ordre général du monde. « Le feu, l'air, l'esprit, la lumière, tout vit par l'action ; de là la communication et l'alliance de tous les êtres, de là l'unité et l'harmonie dans l'univers » (p. 94). Ainsi il trouve dans l'action qui aurait dû raviver en lui le sentiment de la liberté, une nouvelle preuve de sa dépendance et de sa faiblesse, et il s'écrie avec une émotion religieuse : « Connaissons notre sujétion profonde, adorons... »

Habitué à tout juger par sentiment, à suivre sa nature, il perd le sentiment du libre arbitre et n'en retient plus que le nom. Tout se tient dans sa doctrine. L'apologiste des passions est naturellement ennemi de la raison qui doit les régler, et de la liberté qui a été donnée à l'homme pour les combattre. Le principe et le mobile de la vertu n'est plus dans la raison, mais dans le sentiment. « Le sentiment, le cœur, voilà le principe qui nous éclaire et le ressort qui doit nous faire agir. — Le bon instinct n'a pas besoin de la raison, mais il la donne (128). La conscience est la plus changeante des règles (133). La raison nous trompe plus souvent que la nature (123). » Il serait facile de multiplier ces citations, mais ce qui précède suffit, semble-t-il, pour montrer que, par ses dispositions intérieures et par ses préoccupations habituelles, Vauvenargues se trouvait engagé dans la voie qui conduit au fatalisme, et qu'il n'est pas étonnant qu'il se soit montré jusqu'à la fin de sa vie fidèle à la doctrine qu'il avait exposée dans son premier ouvrage. Cette vérité paraîtra encore plus évidente, lorsque nous aurons rapproché de ses écrits les ouvrages qui l'ont inspiré, et étudié le mouvement des idées qui circulaient autour de lui et dont il a nécessairement subi l'influence.

CHAPITRE II.

Influence du XVIIe et du XVIIIe siècle. — Mélange d'opinions jansénistes et d'aspirations humanitaires.

Par la date aussi bien que par le caractère, Vauvenargues sert de trait d'union entre les écrivains du XVIIe siècle et les philosophes de l'âge suivant. Il occupe une place à part à l'entrée de ce siècle dont il est demeuré l'une des gloires les plus pures et les plus touchantes. Nul n'a plus soigneusement conservé l'empreinte de ses prédécesseurs et plus fidèlement exprimé les sentiments et les aspirations de ses contemporains. Par la noblesse et la pureté du style, par le respect des croyances religieuses, il appartient au grand siècle ; par la hardiesse de la pensée et la foi dans la raison humaine, par l'amour de la gloire et de l'humanité, il est de son temps. Il n'a pas la foi ni les convictions énergiques de l'âge précédent ; ce n'est pas non plus un incrédule, ni un athée. Retenu d'un côté par l'ironie des philosophes à la mode qui ne permettaient pas de se prononcer ouvertement pour la religion, et de l'autre par le respect obligé de la religion officielle, il essaye de se maintenir entre le libertinage impie des philosophes athées et les croyances du Christianisme. Ainsi ballotté entre ces deux

influences contraires, il se laisse tantôt séduire par la grandeur et l'éclat de la vérité et tantôt ébranler par les rail-
leries de Voltaire. Esprit ouvert à toutes les idées, et libre
de tout engagement, on trouve çà et là dans ses écrits des
pensées pour tous les systèmes et des paroles d'encourage-
ment pour toutes les sectes. Aussi chaque parti essaye-t-il
de l'attirer à lui et le réclame-t-il comme lui appartenant.

Voltaire l'admirait, quoique affligé de certaines pensées
trop chrétiennes : « Ne peut-on pas admirer l'Être suprême,
lui écrivait-il, sans se faire capucin (1)? » Plus tard, Suard
et divers partisans de l'école philosophique ont voulu, sur
la foi de je ne sais quelle anecdote, le ranger à tout prix
parmi les philosophes. On a souvent fait justice de cette
calomnie, et en dernier lieu M. Gilbert, d'une manière
péremptoire et irrévocable. Ce qui paraît ressortir au milieu
de toutes ces divergences, c'est que Vauvenargues n'était
asservi à aucun système, il lui était permis de s'approprier
le mot du poète romain : *Nullius addictus jurare in verba
magistri,* je ne connais d'autre loi que ma nature.

Il avait un trop vif sentiment de sa grandeur et de sa
destinée pour s'associer aux impiétés et au fanatisme démo-
lisseur des ennemis de l'Église. Trop peu généreux pour
s'attacher au bien, il n'avait pas assez d'humilité pour reconnaître l'empire de la loi morale, ni assez d'énergie pour
la pratiquer dans toute son étendue. Mais malgré ses pro-

(1) *Correspondance*, t. II, p. 286.

testations en faveur de la nature et du sentiment, qu'il déclare supérieur à la raison, un fait ressort de l'étude de sa vie et de ses ouvrages, c'est qu'il était plus vertueux qu'il ne le donne à entendre, et plus soucieux de sa dignité d'homme qu'il ne veut bien le reconnaître. On sent à chaque page, en le lisant, le travail d'un esprit qui cherche la lumière et se dévoue à la solution des grands problèmes, qui ont préoccupé les plus nobles esprits de tous les temps. Même dans les écrits incriminés où on l'accuse d'avoir exprimé des opinions qu'il ne partageait pas, on voit qu'il s'enchante lui-même en reproduisant dans un noble et beau langage les doctrines de ses prédécesseurs, sauf à glisser çà et là certaines formules qui trahissent l'incertitude de sa pensée. Il est de la famille de ces nobles esprits qui, au XVIIe siècle, consacrèrent leur vie à la recherche et à la méditation de la vérité. Comme Pascal, il a souci de la vérité morale et religieuse. Comme lui, il estime les sciences et l'érudition peu de chose en comparaison de la connaissance de l'homme et de sa destinée. « Nous nous appliquons à la chimie, à l'astronomie, à ce qu'on appelle érudition, comme si nous n'avions rien à connaître de plus important. O démence aveugle! La gloire est-elle un nom, la vertu une erreur, la foi un fantôme? Que veux-je savoir? Que m'importe-t-il de connaître (1). »

Sa ressemblance avec le père de la philosophie moderne

___

(1) T. I, p. 2, *Discours préliminaire*. Ire édition.

n'est pas moins frappante. A peine sorti du collège, Descartes, passant en revue les sciences qu'on lui avait enseignées, se plaignait de n'avoir acquis que des notions superficielles et de ne rien connaître avec certitude. Il s'étonnait de ne rien savoir et s'en prenait à l'insuffisance de ses maîtres. Le même étonnement s'empare de Vauvenargues lorsqu'il passe en revue les opinions des philosophes. Il se plaint de l'incertitude et des contradictions des auteurs : « Je me suis souvent étonné, dit-il, lorsque j'ai commencé à réfléchir, de voir qu'il n'y eût aucun principe sans contradiction, point de terme même sur les grands sujets sur l'idée duquel on convînt. » Et comme Descartes, avec le même besoin de certitude et de conviction, il se consacra à la recherche de la vérité. Excité sans doute par les discussions qui s'agitaient autour de lui sur la grâce et la liberté, il se met à l'œuvre et essaye de pénétrer le mystère de la Providence et du libre arbitre, de résoudre cette irréductible antinomie qui a de tout temps exercé l'intelligence des penseurs (1). Le grave problème de la liberté ne cessera pas de hanter son esprit. Malgré les passions inséparables de la jeunesse, comme il dit quelque part, et malgré les infirmités précoces d'une jeunesse maladive, on le voit à Besançon, dans les loisirs de la vie de

(1) Coïncidence digne de remarque ! Au moment même où Vauvenargues retouchait son *Discours sur la liberté*, Voltaire entretenait avec le prince Frédéric cette correspondance dans laquelle le futur apôtre de la nécessité universelle défendait avec tant d'esprit la cause de la vérité et du libre arbitre.

garnison, se retirer à l'écart absorbé dans ses méditations philosophiques et composer le *Discours sur la liberté*. Descartes, soldat comme lui, avait un siècle plus tôt, préparé le *Discours de la méthode* dans son poêle d'Allemagne.

Vauvenargues avait des vues plus étendues et plus élevées. Il aurait voulu, son plan de philosophie en fait foi, résumer dans un seul ouvrage toutes les vérités répandues dans nos opinions et former un système général des vérités essentielles que l'on peut connaître sur les sciences utiles. Le temps et la santé ne lui permirent pas de remplir ce programme. Il est d'ailleurs douteux que son génie eût suffi à cette tâche, mais il consacra à l'étude du libre arbitre cette étude approfondie qu'il réclamait pour chaque objet de nos connaissances. Son *Discours* n'est qu'une ébauche, mais qui montre déjà la vigueur de son intelligence et le noble souci dont son âme était préoccupée. Il y reviendra plus tard et transformera ce *Discours sur la liberté* en un *Traité sur le libre arbitre*. Sa pensée s'est affermie et développée, ce n'est plus une simple affirmation, un exposé succinct de sa doctrine, mais une thèse en règle avec preuves à l'appui et réfutation des opinions contraires.

Notre jeune philosophe avait plus de noblesse et d'élévation que de force et de génie : il était plutôt fait pour admirer la grandeur d'une doctrine que pour en résoudre les difficultés, pour s'approprier les pensées d'autrui que pour en créer de nouvelles. Il ne faut donc pas s'attendre à trouver chez lui de théorie bien originale. Et pourtant, nous l'avons vu, par éducation aussi bien que par tempérament, autant il avait d'admiration pour le génie de ses prédécesseurs, autant il avait d'éloignement pour leur doctrine. Il se trouve donc obligé de présenter les choses sous un nouveau jour. Il ne cessera pas de respecter la religion, mais il portera dans l'étude de la nature humaine ces sentiments de bienveillance et d'humanité qui caractérisent le XVIIIe siècle. Il est intéressant d'étudier la double influence exercée sur cette jeune âme par les croyances du passé et les aspirations de l'esprit nouveau. Le jansénisme de Pascal qui sacrifie l'homme à la grâce, et le pessimisme de la Rochefoucauld qui le calomnie, déterminent Vauvenargues à prendre en main la défense de la nature humaine. Comme Montaigne, il est conciliateur, ennemi des extrêmes et des emportements de la raison. Manquant de lest et dépourvu d'instruction, il va se précipiter dans l'erreur opposée et approuver témérairement ce que ses prédécesseurs condamnaient d'une manière trop absolue. Fier de sa découverte et emporté par la fougue de la jeunesse, il essayera d'amener les hommes à penser comme lui, au lieu de chercher à entrer dans la pensée des autres. Il y avait plusieurs manières d'entrer en lutte avec les doctrines du passé. Parmi les nombreuses formes de la pensée dans lesquelles le fini s'oppose à l'infini, il choisit l'antinomie de l'activité humaine et de la puissance divine. Il entrevit la difficulté et conçut l'ambition de la résoudre.

Il crut avoir découvert le mystérieux passage du fini à l'infini, il se flatta d'avoir concilié l'inconciliable et d'avoir mis
les passions sous la protection de l'activité divine. Il avait
saisi le faible de ses adversaires, et, pour établir sa doctrine,
n'avait eu qu'à retourner leurs arguments.

L'homme coupable, dites-vous, ne peut ni connaître le
vrai, ni faire le bien, il est digne de haine et de malédiction,
Dieu l'a en horreur, il n'a eu pitié que d'un petit nombre.
— Pourquoi dès lors accabler l'homme et lui faire un crime
de sa faiblesse, pourquoi lui imputer des fautes dont il n'est
pas responsable? Il n'est qu'un instrument entre les mains
de Dieu, c'est là sa gloire. Au lieu de le maudire, nous
devons plutôt l'encourager, admirer les grandes choses que
Dieu opère en lui. Dieu, il est vrai, abandonne au mal ceux
qu'il n'a pas prédestinés, il condamne ceux qu'il n'attire
pas à lui, mais sa justice n'est pas comme la nôtre, c'est un
Dieu incompréhensible, *Deus absconditus*. Il a voulu
éclairer les uns et aveugler les autres.

Par une tactique qu'il était facile de prévoir, il trouve
ainsi moyen de mettre au service des idées nouvelles et des
aspirations humanitaires qui commençaient à se faire jour,
les erreurs jansénistes qui n'avaient pas cessé de passionner
les esprits, et ceux-là qui voulaient imposer au monde un
christianisme plus rigide et une doctrine plus incompréhensible, se trouvent avoir préparé les voies du naturalisme et du panthéisme humanitaire. Vauvenargues n'ira

pas jusque-là. Bien que, à ses yeux, l'homme ne soit qu'un ressort de la puissance divine, il admet la distinction de l'homme et de Dieu, mais ses successeurs n'auront pas tous le même scrupule. Plus logiques et plus hardis, ils pousseront à bout cette fausse doctrine et en tireront les conséquences les plus contradictoires. Les uns, pour dresser un piédestal à l'humanité relevée par Vauvenargues, supprimeront l'action de la Providence comme attentatoire à ses droits et y substitueront les sourdes énergies de la nature. D'autres non moins logiques absorberont l'homme en Dieu, et feront de l'homme une partie de sa nature, une fonction de sa puissance. Au moment où Vauvenargues commence à écrire, les esprits n'étaient pas encore mûrs, il aurait lui-même reculé d'horreur à la vue de ces théories monstrueuses, mais il apparaît à son heure pour faire les premiers pas dans cette voie. Il exprime, à son insu peut-être, mais avec une sincérité qui n'en est pas moins significative, les idées et les aspirations nouvelles que l'esprit d'incrédulité et les controverses jansénistes avaient fait naître dans les esprits.

Dans cette première moitié du XVIIIe siècle, je ne sais quel souffle délétère s'était répandu sur la France et entraînait les esprits vers des régions nouvelles. A la foi éclairée des grands hommes, qui furent la gloire du grand siècle, allaient succéder le doute et l'incrédulité des philosophes et des écrivains novateurs. Dans l'air qu'il respirait, dans les aspirations de ses contemporains non moins que dans les tendances

de sa propre nature, Vauvenargues avait puisé ces idées de
tolérance et d'humanité, cet amour de la gloire et de l'activité qu'il ne cessera de recommander dans tous ses écrits.
Le libre examen avait porté ses fruits. Tant que la raison
recevait avec soumission les enseignements divins, elle n'é-
prouvait pas le besoin de se replier sur elle-même et d'examiner ses titres. Elle avait foi en elle-même et dans la
légitimité de ses opérations. La révélation, d'ailleurs, confir-
mait le témoignage de la conscience et revêtait de sa splendeur la lumière qui éclaire tout homme venant en ce monde.
Non que l'esprit humain fût inactif, jamais il n'a pris un
plus noble essor que dans ces siècles de foi. Appuyé sur les
fécondes affirmations de la vérité révélée, il s'exerçait sur
des questions qui nous paraissent oiseuses aujourd'hui et s'é-
levait à des hauteurs que nous ne pouvons plus atteindre.
Mais du moment que l'on se fut attaqué au principe de l'autorité doctrinale, lorsqu'on eut proclamé le principe du libre
examen et renié les lumières accumulées pendant les siècles
précédents, il fallut reprendre en sous-œuvre le travail du
passé et revenir à l'étude des premiers éléments. L'édifice
était renversé de fond en comble, et, pour offrir un abri aux
générations nouvelles, il fallait reconstruire à neuf et poser
de nouvelles assises. On ne s'était pas contenté d'attaquer
tel ou tel dogme en particulier, on avait sapé l'édifice jusque
dans ses bases. L'Église avait défailli : il fallait, disaient les
réformateurs, revenir aux institutions primitives, s'en tenir

à la Bible et renverser l'idole surannée de l'autorité doctrinale.

L'homme était constitué juge de la parole de Dieu; pourquoi n'aurait-il pas mis en question les données de la conscience, décrété sa complète émancipation et proclamé sa souveraine indépendance? L'exemple était donné. Ceux mêmes qui, comme Descartes, restèrent attachés aux principes de la religion révélée portèrent dans l'examen des vérités rationnelles une audace inconnue jusque-là. C'était une entreprise périlleuse que de remettre ainsi en question les fondements de la connaissance; aussi Descartes donnait-il à ceux qui le liraient le conseil de ne pas l'imiter. Mais le moyen d'arrêter les esprits une fois entrés dans cette voie? Son exemple devait être plus efficace que ses paroles. Et d'ailleurs en se livrant à ce travail, dont il reconnaissait la témérité, il obéissait lui-même à un besoin de son esprit, à une nécessité du moment. Bien qu'il vécût isolé et qu'il cherchât à se soustraire à tout commerce avec les hommes, il partageait leurs sentiments et répondait à leurs secrètes aspirations. Son *Discours sur la méthode* ne fut si chaleureusement accueilli que parce qu'il y exprimait à sa manière les idées et les préoccupations de ses contemporains.

Lorsque parut Vauvenargues, le mal avait fait de rapides progrès. Ce que le principe du libre examen n'avait pas fait en France, où il ne fut pas généralement accepté, le jansénisme le réalisa amplement. Par ses appels incessants et ses protestations toujours renaissantes il affaiblit le principe d'autorité, tandis qu'il aliénait les esprits par l'exagération de ses doctrines et le rigorisme de ses préceptes. Comme toutes les erreurs, il ne laissait après lui que des ruines, il détachait les fidèles de l'Église sans les gagner à sa cause. Il avait envahi toutes les provinces et toutes les classes de la société, et au commencement du XVIIIᵉ siècle, les meilleurs esprits se trouvaient imbus des plus funestes préjugés. Les lumières que dix-huit siècles de christianisme avaient accumulées ne pouvaient plus pénétrer dans les âmes; il fallait faire une nouvelle préface de l'Évangile, rétablir la notion de la justice et de la vérité, faire revivre les maximes de la sagesse humaine avant de songer à ramener à l'Église les esprits qui s'en étaient éloignés.

Le problème de la destinée humaine demandait à être résolu de nouveau. Ceux que le jansénisme et l'esprit d'incrédulité n'avaient pas terrassés étaient ébranlés et incertains dans leurs voies; ils conservaient en apparence la religion de leurs pères, mais ils n'avaient plus l'assurance et la sérénité de leur foi. Les moins soucieux de leur dignité cherchaient comme toujours à étouffer ces questions importunes dans les plaisirs et les dissipations de la vie mondaine; les plus nobles, et de ce nombre était Vauvenargues, demandaient à l'étude, à la méditation, à la raison profondément interrogée la solution de ces vérités fondamentales, qui seules donnent du prix à la vie humaine.

L'irréligion, ce qu'on appelle quelquefois l'émancipation de l'esprit humain, avait gagné du terrain. Descartes avait eu soin de mettre à part, avec un religieux respect, les vérités de la foi, qui ont toujours été les premières en sa créance; dans ses crises les plus violentes on sent que Pascal est profondément attaché aux croyances qui l'épouvantent; Vauvenargues en parle beaucoup plus à son aise. Il n'a pas, il est vrai, complètement rompu avec la tradition, et même, à l'en croire, personne ne fut jamais plus respectueux pour l'Église; mais comme l'a remarqué l'un des critiques qui l'ont le mieux compris (1), ces formules de déférence excessive doivent nous mettre en garde contre la sincérité de ses sentiments. En lisant ses écrits, il est facile de voir qu'il ne relève que de lui-même, et que, si parfois il fait appel aux vérités révélées, ce n'est que pour appuyer ses propres idées et non pour se soumettre à l'autorité doctrinale de l'Église.

Dans le *Traité du libre arbitre*, en particulier, bien loin de se montrer hostile aux idées religieuses, il déclare qu'il n'entreprend son ouvrage que pour revendiquer les droits du Créateur, pour établir notre dépendance totale et continue de Dieu. Mais il n'est pas douteux qu'il songe plutôt à défendre l'homme, à inspirer des sentiments d'humanité, qu'à rétablir et fortifier dans les âmes le sentiment de la Divinité. Si Pascal et Bossuet, si Malebranche et Fénelon

______

(1) H. Baudrillard, *Études de philosophie morale et d'économie politique.*

avaient prosterné son esprit devant la souveraine puissance, si Port-Royal et les Jansénistes lui avaient donné une fausse idée de l'activité humaine ; d'un autre côté il avait trouvé dans Locke et dans Voltaire une définition de la liberté en harmonie avec ses propres idées, et dans les aspirations de l'esprit nouveau la consécration de ses tendances humanitaires. Tout rapporter à Dieu, c'est décharger l'homme, c'est aussi lui enlever le principe de sa grandeur et de son mérite ; mais comme il importe avant tout de le soustraire aux malédictions dont on l'accable, Vauvenargues croit le réhabiliter en lui ôtant sa couronne. De là sa théorie du libre arbitre qui fait de l'homme un instrument irresponsable. Il emprunte à Locke sa distinction entre la puissance active et la puissance passive, et réduit, d'accord avec Voltaire, la liberté au pouvoir d'agir, d'exécuter ce que la raison ou la passion nous imposent.

Aux considérations psychologiques du philosophe anglais, il ajoutera les spéculations métaphysiques et théologiques des philosophes et des jansénistes. Non seulement les actions humaines sont le résultat de la nécessité, d'un rigoureux mécanisme, non seulement elles sont déterminées d'avance par les antécédents de la raison suffisante, mais elles sont assujetties à l'ordre universel, aux décrets de la sagesse divine qui ne peut permettre à une créature d'agir au hasard, au risque de troubler l'œuvre de la Création. L'initiative de la créature serait une atteinte à la souveraineté du Créateur, agir par soi-même, de sa propre autorité, ce serait proclamer son indépendance et entrer en partage avec la perfection infinie. Comme les jansénistes dont il suit les inspirations, il ne conserve le nom de la liberté que pour la dénaturer et l'asservir au joug de la nécessité : puis, retournant contre eux leurs propres principes, il va arguer du souverain domaine de Dieu pour excuser la faiblesse de l'homme. Les passions sont l'expression de la nature humaine, et dès lors conformes à l'intention du Créateur. Il ne faut point mettre l'homme en contradiction avec l'univers qui suit sa loi et rencontre sa perfection dans un mouvement éternel. Égarés par la notion de la déchéance primitive, les philosophes chrétiens ne voient que désordre et misère dans l'âme humaine, ils méconnaissent le côté généreux et désintéressé de notre nature et confondent l'égoïsme de l'amour-propre, qui ramène tout à soi, avec la générosité de l'amour de nous-mêmes qui trouve son bien en dehors de soi. Nous sommes nés pour l'action ; s'abstenir, réprimer ses passions, voilà le mal ; les plaisirs, l'ambition, la gloire, tel est le vœu de la nature qu'il faut suivre. La vertu, c'est le libre déploiement naturel d'une âme généreuse : aimez les passions nobles, la vertu ne peut triompher qu'en prenant la forme d'un désir.

A la morale mystique qui ne poursuit que le salut de l'âme et cherche Dieu en tout, Vauvenargues substitue la doctrine du bien social, et donne à la morale une origine et à la vertu une fin tout humaine. « Afin qu'une chose soit regardée comme un bien par toute la société, il faut qu'elle tende à l'avantage de toute la société (1)... » Les hommes étant imparfaits, n'ont pu se suffire à eux-mêmes ; de là la nécessité de former des sociétés. C'est là le fondement de toute la morale. Il ajoutera dans le même sens : « Le mot de *vertu* emporte l'idée de quelque chose d'estimable à l'égard de toute la terre. » On a souvent rapproché ces paroles de la définition de Kant. Celui-ci définira l'action vertueuse : une action dont le motif puisse être érigé en règle universelle. Mais qui ne voit combien ces deux maximes diffèrent l'une de l'autre? Pour Kant, une action vertueuse est une action conforme à la dignité de l'homme, de l'être raisonnable, que l'on doit toujours regarder comme une fin et ne jamais employer comme moyen. Vauvenargues, au contraire, fait reposer la loi morale sur la faiblesse de l'homme, et demande que l'intérêt particulier, ce qui dans Kant est une fin absolue, se confonde dans l'intérêt général. « La préférence de l'intérêt général au personnel est la seule définition qui soit digne de la vertu. » C'en est fait : l'homme disparaît pour faire place au genre humain. L'homme n'a pas de destinée individuelle, sa fin, son bien, c'est l'intérêt général ; la personnalité est absorbée dans l'humanité.

Rousseau, au contraire, soutiendra que le mal de l'homme vient de la société et de ses lois ; ce qui ne l'empêchera pas

---

(1) *Introduction à la connaissance de l'esprit humain*, t. I, p. 50.

de tomber dans la même erreur que Vauvenargues, et, pour échapper à un plus grand mal, l'état de nature étant impossible, de donner la sanction du droit aux conventions humaines, au *Contrat social*.

Nous avons maintenant une idée du caractère et des doctrines de Vauvenargues : il est temps d'aborder directement le *Traité du libre arbitre* et de l'exposer dans son ensemble. Nous l'avons étudié dans son origine et dans ses sources, dans la nature et l'éducation du jeune philosophe, il est temps de l'étudier en lui-même et d'en examiner les preuves.

CHAPITRE III.

Analyse du TRAITÉ DU LIBRE ARBITRE.

I. — Vauvenargues commence par distinguer deux puissances dans l'homme, l'une active et l'autre passive.

La puissance passive (étrange alliance de mots) est la capacité d'être mû. La puissance active ou liberté est la faculté de se mouvoir soi-même, le pouvoir d'agir ou de ne pas agir. La liberté ainsi entendue étant quelque chose de physique, un pouvoir moteur, elle cède devant l'obstacle et meurt sous les chaînes.

Le jeune philosophe est d'accord avec tous les hommes sur l'existence de la liberté, mais il ne peut admettre les conséquences qu'ils en tirent. « Ils regardent la volonté comme le premier principe de tout ce qui est en eux et comme un principe indépendant, tandis que la volonté n'est qu'un désir non combattu.... La volonté est le dernier ressort de l'âme, c'est l'aiguille qui marque les heures sur une pendule. Elle détermine nos actions, mais elle est elle-même déterminée par des ressorts plus profonds, par nos idées ou nos sentiments actuels. »

C'est la raison ou le sentiment qui tour à tour entraînent la volonté, et non la volonté qui maîtrise le sentiment et détourne le cours des idées. « Ce qui dérobe à l'esprit le mobile de ses actions c'est leur vitesse infinie. » On se fait donc une fausse idée de la liberté : on la regarde comme une cause, ce n'est qu'un effet, comme un principe premier et indépendant, c'est le dernier ressort de l'âme : il n'y a point de volonté qui ne soit l'effet de quelque passion ou de quelque réflexion.

Nous avons la clef du système, le mot de l'énigme trouvé par Vauvenargues. L'homme est libre, mais ses actes sont nécessaires. Il va essayer d'apporter de nouvelles preuves à l'appui de sa théorie, mais elle est tout entière dans ces premières pages, avec les affirmations qui lui servent de fondement.

II. — Aux raisons prises dans la nature des choses il va ajouter des considérations tirées de l'ordre métaphysique, au déterminisme physique ajouter ce que nous pourrions appeler le déterminisme métaphysique ou fatalisme.

« N'ayant pour guide que des vues courtes et des sentiments trompeurs, l'homme est faible, on en convient. Il est imparfait, mais c'est une nécessité, la perfection infinie ne souffre point de partage, et Dieu serait imparfait sans la dépendance des hommes... L'homme n'a rien en lui-même que son Créateur n'y ait mis, donc l'homme ne peut agir que par les lois de son Dieu. — La pendule n'a d'action que celle qu'on lui imprime... Cette dépendance fait notre grandeur et notre sécurité... Ceux qui soutiennent que la volonté peut tout, qu'elle est le premier principe de nos actions, ceux-là nient, sans y prendre garde, la dépendance des hommes à l'égard du Créateur. Or, voilà ce que j'attaque, voilà l'objet de ce discours. — Je ne me suis attaché à prouver la dépendance de la volonté à l'égard de nos idées que pour mieux établir par là notre dépendance totale et continue de Dieu. »

Vauvenargues avait exposé sa thèse : après l'avoir puisée dans l'observation psychologique, il a eu recours aux arguments théologiques et lui a donné, pour ainsi dire, la sanction de la nature et des attributs de Dieu. Son œuvre semble terminée. Mais dans un problème si ardu, toute solution proposée soulève quelques difficultés. Le philosophe a rejeté les idées reçues, sa doctrine est particulière, il éprouve le besoin de la concilier avec l'opinion commune. De là une nouvelle série de considérations qui trahissent de plus en plus la faiblesse et la fausseté de son système.

III. — Il semble qu'on ne puisse affirmer la nécessité de toutes nos actions sans couper court par là-même à tout acte de liberté. Vauvenargues n'est pas embarrassé pour si peu : il va donner une nouvelle définition de la liberté qui va tout concilier. « Cette dépendance, ajoute-t-il, n'éteint point la liberté qui nous est si précieuse, je vous ai promis d'accorder ce qui est incompatible ; suivez-moi donc bien... » La liberté est la puissance d'agir par les lois de notre être; la nécessité, la violence que souffrent ces mêmes lois... C'est toujours Dieu qui agit... Le désir qui prend le dessus change en même temps de nom et détermine notre action.

IV. — Il cite à l'appui de sa définition l'exemple d'un homme languissant et débauché qui succombe à la passion, en dépit de sa maladie. Il explique arbitrairement les péripéties de ce drame intérieur qui doit se terminer par une défaite. Suit une interprétation non moins arbitraire des paroles de Jésus-Christ relatives à la prière. « La raison et les passions, dit-il, les vices et la vertu dominent tour à tour, selon leur degré de force et selon nos habitudes, selon les occasions... Jésus-Christ a marqué cette disposition, cette faiblesse des hommes en leur apprenant la prière : Craignez les tentations, priez Dieu qu'il vous en éloigne et qu'il vous détourne du mal. »

En résumé, une étude plus approfondie de l'acte volontaire et une connaissance plus complète de Dieu et de ses relations avec ses créatures, une notion plus exacte de la liberté et une plus saine interprétation de la réalité et des préceptes évangéliques, montrent avec évidence la nécessité de toutes nos actions et de tous nos désirs. Les données de la conscience et les lumières de la raison, les leçons de l'expérience et les enseignements de la foi, tout concourt à l'établissement de cette vérité. « Une action involontaire n'est point libre; mais une action nécessaire peut être volontaire et libre par conséquent. Ainsi la nécessité n'exclut point la liberté; la religion les admet l'une et l'autre; la foi, la raison, l'expérience s'accordent à cette opinion. » Fort du témoignage de la foi et de la raison, Vauvenargues termine son *Traité* en nous invitant à adorer la souveraine majesté du Dieu qui règne dans tous les esprits comme il règne sur tous les corps, qui sauve ses élus sans combat et donne à tous les hommes des grâces très capables de les ramener au bien et à la vérité, si des habitudes plus fortes ou des sensations plus vives ne les retenaient dans l'erreur. « O profondeur éternelle, qui peut sonder tes abîmes? Qui peut expliquer pourquoi le péché du premier homme s'est étendu sur sa race?... »

V. — Vauvenargues a consacré la seconde partie de son *Traité* à la défense de la première. Cela ne suffisait pas : sous forme d'appendice, il ajoute deux réponses aux conséquences de la nécessité, et sous prétexte de défendre sa thèse, il trouve moyen de la renforcer à l'aide d'arguments empruntés au jansénisme. Pour se faire une arme des textes de l'Écriture, il a besoin de les interpréter à sa manière et de les accommoder aux exigences de son système.

Il prévient d'abord l'objection de la nécessité des bonnes œuvres. Ne me demandez pas pourquoi la nécessité des bonnes œuvres, dès que leur mérite ne vient pas de nous.

Demandez-le à l'Église. — Dieu opère tout en nous : il est
l'auteur de toutes nos actions, bonnes ou mauvaises, puisqu'il a mis en nous le principe de nos erreurs et de nos
fautes. — S'il vous paraît injuste que Dieu punisse dans ses
créatures une imperfection nécessaire, rappelez-vous que la
justice de Dieu n'est pas semblable à la nôtre, il est le maître
et peut disposer de nous à son gré. Il sauve ceux qu'il veut
et abandonne les autres à leur propre faiblesse. Notre doctrine a l'avantage de concilier l'Écriture avec elle-même et
vos propres contradictions.

Vauvenargues se retourne une dernière fois contre ses
adversaires, et, dans une seconde réponse, essaye d'établir
que le bien ou le mal ne dépend pas de la volonté, mais de la
chose en elle-même, de l'objet voulu. Le vice est une maladie, et plus il est nécessaire, plus il est vice. Il faut dès
lors traiter le scélérat comme un malade. Quant aux peines
de l'autre vie, c'est aux théologiens à les concilier avec la
doctrine de la nécessité. Puis, résumant dans un dernier
aperçu tout l'ensemble de son système, et le mettant, pour
ainsi dire, sous la protection de la divinité : O mortels, s'écrie-
t-il, tout est nécessaire, le rien ne peut rien engendrer, il
faut donc que le premier principe de toutes choses soit
éternel, il faut que les êtres créés qui ne sont point éternels,
tiennent tout ce qui est en eux de l'Être éternel qui les a
faits.

Ici s'arrête l'œuvre de Vauvenargues. Il a exposé ses

raisons et réfuté ses adversaires. A nous maintenant de tirer profit des enseignements qu'il nous a laissés. Nous avons exposé son système aussi clairement et aussi exactement qu'il nous a été possible : il nous reste à reprendre en détail chacun des arguments que nous venons d'indiquer et à en apprécier la valeur.

DEUXIÈME PARTIE.

CHAPITRE I.

Déterminisme psychologique.

Dans son *Traité,* Vauvenargues confond constamment la liberté avec l'action, les impulsions naturelles, nécessaires et instinctives avec la volonté, le volontaire ainsi entendu avec la liberté. La liberté c'est le pouvoir d'agir, pouvoir tout physique qui disparaît avec la maladie ou la contrainte du corps. L'acte libre n'est pas un phénomène spirituel, mais physique, qui relève non de l'esprit mais de l'organisme. C'est la doctrine de Hobbes qui définit la liberté : pouvoir d'exécuter, absence d'obstacle à la volonté, possibilité de se mouvoir dans l'espace. C'est aussi un acheminement vers la doctrine matérialiste qui regardera la volonté « comme l'expression nécessaire d'un état du cerveau produit par des influences extérieures (1). »

(1) Moleschott, *la Circulation et la Vie.* traduction de M. Cazelles, t. II, p. 189.

Vauvenargues déplace la liberté et la met où elle n'est pas. Il n'est pas étonnant après cela de le voir tourner à son profit l'exemple dont se servent les défenseurs de la liberté, pour prouver que cette force intérieure est capable de résister à toutes les puissances du dehors. « Un homme aux fers a sans fruit la force de se mouvoir : son action est arrêtée par un ordre supérieur, la liberté meurt sous ses chaînes. » Tout autre est le langage de ceux qui ont compris la dignité de l'homme et l'excellence de sa liberté invincible à toute force extérieure. Anytus et Mélitus, disait Socrate, peuvent bien me faire mourir, mais ils ne sauraient me nuire (1). Les premiers Chrétiens ne seront pas moins héroïques en présence de leurs persécuteurs : *Vos occidere quidem potestis, lædere vero nequaquam* (2). Corneille fera tenir le même langage à Laodice, irritée contre Prusias qui veut la contraindre à épouser son fils Attale :

> Ma vie est en vos mains, mais non ma dignité (3).

C'est le même souffle qui soulève toutes ces poitrines, le même élan de noblesse et de fierté, c'est plus que le roseau de Pascal, souverain de l'univers, qui peut l'écraser, mais ne saurait le vaincre ; c'est l'homme se dressant en face de

(1) Platon, apologie.
(2) S. Justin, apologie I.
(3) *Nicomède*, acte III. scène I.

l'homme, et déclarant au tyran qui voudrait l'asservir que son âme est inaliénable et au-dessus de ses atteintes.

Vauvenargues lui-même a éprouvé ce sentiment à certaines heures, c'est à lui que nous devons cette maxime : « On peut être au-dessus de la fortune par le cœur, » et il a prouvé plus d'une fois, ne serait-ce que dans ses rapports avec le ministre Amelot, qu'il avait conscience de sa dignité et de sa force. Mais son enthousiasme ne durait pas, il retombait bientôt sur lui-même ; et, pour pallier sa défaite, il disait hautement qu'il fallait céder à la nécessité. Dès le début de sa carrière il avait rencontré des difficultés qui lui parurent insurmontables, et lorsqu'il voulut fixer par écrit le résultat de ses premières expériences, il se trouva fataliste, ne gardant plus de la liberté que le nom.

Il n'y aurait pas lieu de s'inquiéter de cette définition arbitraire qui restreint la liberté à l'action extérieure, si dans le cours de la discussion il n'attribuait pas le même caractère de nécessité à la volition proprement dite, mais après avoir réduit la liberté à l'action, au jeu de l'organisme, il parle de la volonté comme principe de ce qui est en nous. Il est vrai qu'il en fait le dernier ressort de l'âme, mais ce n'est plus simplement le pouvoir d'agir : « C'est l'aiguille qui marque les heures sur une pendule et qui la pousse à sonner... On n'a point de volonté qui ne soit un effet de quelque passion ou de quelque réflexion. »

Il y a là confusion entre la cause de l'acte libre et les conditions qui le précèdent ou l'accompagnent. Il est bien certain que toutes nos volontés sont accompagnées d'un acte d'intelligence. Vouloir c'est agir avec connaissance de cause, avec intention. Mais si l'intelligence éclaire la volonté, si elle préside à son opération, il ne s'ensuit pas qu'elle la détermine. La pensée n'est pas déterminante, pas plus que la passion : il y a une force autonome, indépendante, qui triomphe de l'une ou de l'autre à son gré. La volonté, pour entrer en exercice, a besoin d'être éclairée par l'intelligence, mais bien loin d'être entraînée par celle-ci, c'est elle au contraire qui, au moyen de l'attention, dispose de l'intelligence et l'applique aux objets de son propre choix. Sans doute le bien a une force d'attraction qu'il ne faut pas méconnaître, mais cette force n'est pas fatale ; le souverain bien seul, s'il se présentait à nous dans tout son éclat, nous attirerait d'une manière irrésistible (1). Tant que l'homme conserve l'usage de la raison, il est en possession de lui-même et capable de maîtriser la passion qui le sollicite : tant qu'il est maître de lui-même, il a aussi le triste privilège de fouler aux pieds la loi de la conscience et de se livrer aux joies mauvaises du cœur, *mala mentis gaudia,* comme les appelle le poète. Non seulement la volonté dirige l'intelligence et domine la passion, mais encore elle prononce en

____

(1) « Si oculis cerneretur mirabiles amores excitaret » (Cic., *de Officiis,* lib. I, v — Platon, *Phèdre,* chap. LXV).

dernier ressort et ne craint pas, quand il lui plaît, d'aller à l'encontre de la conscience et de préférer le bien présent et fugitif au bien futur et impérissable. La faute alors n'est plus seulement une erreur de l'intelligence, c'est une défaillance coupable de la volonté.

La volonté est le dernier ressort de l'âme, soit; pourvu que ce dernier ressort ne soit pas mû par des ressorts plus profonds. L'âme humaine n'est pas une machine quelque perfectionnée qu'on la suppose, et ses mouvements ne sont pas ceux d'un automate. La volonté n'est pas seulement l'indice de la vie intérieure, l'aiguille qui marque les heures, c'est une force maîtresse, aidée ou contrariée par des forces secondaires et des impulsions antérieures, mais souveraine et indépendante des mobiles qui l'ont mise en mouvement. Cette indépendance n'exclut pas l'influence des motifs, il n'y a pas de volonté qui ne soit précédée et accompagnée de quelque passion ou de quelque réflexion. Vouloir sans aucun motif, comme le veulent les partisans de la liberté d'indifférence, c'est vouloir sans but, c'est-à-dire ne pas vouloir, car on ne peut vouloir sans vouloir quelque chose. Il y a donc toujours un motif, ne serait-ce que l'idée de la chose à accomplir et l'impression qu'elle produit dans l'âme, si insignifiante qu'on la suppose. Mais le but que se propose la volonté est un motif, une cause finale, ce n'est pas la cause efficiente de l'action, et Vauvenargues a tort de dire que toute volonté est l'effet de la passion et de la réflexion. Bien qu'il n'y ait pas d'acte volontaire sans but, sans connaissance de la fin, « l'essence de ces actes n'est pas d'avoir un but, mais d'être produits par une cause indépendante et qui se détermine elle-même, d'accord ou non avec les motifs qu'on lui propose. » Comme le fait justement observer M. Waddington (1), si nos jugements et nos désirs étaient les causes de nos déterminations volontaires, comment se ferait-il que la première idée, que le premier désir ne fût pas immédiatement suivi d'exécution.

Le principe de l'acte volontaire proprement dit, de la résolution, c'est la volonté elle-même ; c'est elle qui prononce en dernier ressort ; la connaissance qui précède la détermination n'est que l'origine, la condition de la résolution, non sa cause. Reid, dans son IVe Essai sur les facultés actives de l'homme, se sert à ce propos d'une comparaison très ingénieuse. « Les motifs contraires, dit-il, peuvent se comparer à des avocats plaidant à la barre ; or, ce serait mal raisonner que de dire que tel avocat est le plus puissant orateur, parce que la sentence a été rendue en sa faveur, car la sentence est au pouvoir du juge et non de l'avocat. » Dans les opérations de l'esprit (comparaison, délibération) qui précèdent le choix de la volonté, il y a conflit de motifs et d'impulsions, c'est à la volonté de terminer le combat et de décider de la victoire.

(1) Ch. Waddington, *l'Ame humaine.*

A l'aide de la réflexion on peut découvrir les diverses influences qui accompagnent la délibération; mais entre celle-ci et la détermination il se passe dans l'âme un phénomène qui échappe à toute analyse; il se produit un acte d'autorité qui n'admet pas de contrôle. Ce phénomène a un caractère qui lui est propre, c'est d'être immédiatement créé par l'âme et produit en dehors de l'enchaînement des causes et des effets. « Notre volonté, dit un de nos philosophes les plus éminents (1), ne se porte pas d'elle-même vers le but que nous montre l'entendement, elle est obligée de se tendre et de lutter contre les penchants, de produire sa propre action par une sorte de création *ex nihilo*, en ce sens du moins que cette action n'est pas déjà contenue dans un état antérieur. » Cette analogie entre l'acte libre de la volonté humaine et l'acte créateur de la toute-puissance divine avait déjà été remarquée par M. Cousin : « L'homme ne tire point du néant l'action qu'il n'a pas faite encore et qu'il va faire, il la tire de la puissance très réelle qu'il a de la faire. La création divine est de la même nature. Dieu en créant l'univers ne le tire pas du néant, qui n'existe pas, qui est un pur mot, il le tire de lui-même, de cette puissance de causation et de création dont nous possédons une faible partie (2). » Vouloir librement, c'est commencer un état, donner une

(1) M. Janet, *la Morale*, p. 470.

(2) *Histoire de la philosophie moderne*, t. I, p. 100.

forme nouvelle à notre activité; c'est, suivant l'expression de Kant, commencer un mouvement; ce n'est cependant pas une véritable création. Outre qu'elle ne peut se passer du concours divin, la volonté a besoin de s'appuyer sur les données de l'intelligence et sur le sentiment. Les motifs présents à l'esprit sont, pour ainsi dire, la matière première dont l'âme dispose à son gré pour le bien ou pour le mal. La raison suffisante, la cause efficiente de la résolution se trouvent dans le ressort de l'âme, dans cette énergie qu'on appelle la liberté, et non dans les motifs qui mettent l'âme en mouvement, mais respectent son indépendance. La pensée est éveillée en nous, elle n'est pas produite par les sensations qui nous viennent du dehors : de même la volonté est excitée par les motifs, elle n'est pas déterminée par une force étrangère. L'intelligence exerce une grande influence quand les raisons sont graves et évidentes, mais elle ne donne jamais la dernière impulsion. Même lorsque les raisons d'agir sont pressantes, la volonté peut s'y refuser, rester dans l'inaction en vertu de sa force d'inertie, ou prendre une autre détermination de son propre mouvement, en détournant l'intelligence vers la considération d'un bien inférieur qu'elle préfère. C'es là ce qui distingue la volonté de l'intelligence. Celle-ci ne peut se refuser à l'évidence de la vérité, celle-là peut se soustraire à l'attrait du bien fini qui la sollicite.

C'est en vain que Vauvenargues insiste sur la prévalence du motif le plus fort et qu'il regarde toutes nos fautes

« comme des erreurs de notre esprit ou de notre cœur. » Ce sophisme mille fois réfuté n'est pas même intelligible. Que faut-il entendre par le motif le plus fort? Celui qui l'a emporté. Mais c'est ne rien prouver et tomber dans une pure tautologie : le motif le plus fort est le plus fort. Si par force d'un motif vous entendez la cause qui fait prédominer, je vous demanderai quelle est cette cause? Si vous répondez que ce sont les motifs, vous supposez ce qui est en question et tournez dans un cercle, vous appuyant sur une proposition identique d'où il est impossible de rien conclure. Autre chose est la force intrinsèque des motifs, autre chose est leur force déterminante. Ce n'est pas la force des motifs qui produit notre détermination, c'est notre détermination qui fait la force des motifs. Suivant la sage remarque du P. Buffier : « Le meilleur, très souvent, n'est tel que par la disposition même de la volonté, laquelle fait le meilleur purement à son gré, par la détermination qu'elle prend d'elle-même... Quel autre motif faut-il à la volonté, sinon celui qu'elle se fait à elle-même et par son propre mouvement, qui se porte actuellement à un parti, et qui, en des circonstances toutes pareilles, se portera peut-être une autre fois à un parti contraire (1)? »

Et, pour éluder cette réponse, qu'on ne dise pas avec Spinoza que ce qui donne le branle à la volonté ce sont des

______

(1) *Traité des premières vérités*, IIIᵉ part., chap. IV.

motifs inconscients, des influences qui nous échappent, car qu'est-ce que des raisons que l'esprit ne peut saisir, des impulsions qui passent inaperçues dans l'âme? L'ignorance des motifs est si peu la condition de notre liberté, que celle-ci est d'autant plus grande que l'intelligence est plus éclairée, que nous sommes d'autant plus libres que nous connaissons mieux ce que nous faisons. Le plus souvent nous ne trouvons pas de meilleure excuse pour nous justifier que de rejeter nos fautes sur notre ignorance, bien loin de la regarder comme le principe de notre liberté. Vauvenargues a donc eu tort d'attribuer nos déterminations à des idées qui nous échappent par leur vitesse infinie, à des sentiments qui se dérobent par leur complication et l'agitation qu'ils produisent dans l'âme. Sans doute il se passe en nous des phénomènes dont la conscience nous échappe et sur lesquels la volonté n'a aucune prise, mais ce ne sont pas là des actes humains, et la liberté n'a rien à démêler dans des actions de ce genre. A côté ou plutôt au-dessus de ces faits nécessaires et instinctifs qui nous sont communs avec les animaux, il en est d'autres qui portent avec eux l'empreinte d'une activité supérieure, d'une force libre, qui a conscience d'elle-même et de sa responsabilité ; et il est tout à fait déraisonnable de supposer des causes occultes à des actes qui se manifestent si clairement à la conscience, d'attribuer à la nécessité ce qui émane si manifestement de notre activité libre. Mais il est entendu pour Vauvenargues que la volonté n'a pas le pouvoir de se déterminer, et comme il n'y a pas de fait sans cause, il faut bien rattacher nos déterminations à un mobile qui nous échappe, autrement nos actions n'auraient pas de raison suffisante. « Ce serait un vice énorme que l'on eût des volontés sans principe, nos actions iraient au hasard... Tout ordre serait renversé... »

Sans doute il serait monstrueux qu'il y eût un effet sans cause. Les partisans de la liberté n'ont jamais prétendu qu'il y eût volonté, détermination sans principe, sans cause. La difficulté ne porte pas sur la nécessité du principe reconnue de tous, mais sur la nature et les attributs de ce principe. Les déterministes affirment sans preuve, en dépit de la conscience et du sens commun, que ce principe n'est autre que l'intelligence ou la sensibilité, et que toute action est l'effet de quelque passion ou de quelque réflexion : les défenseurs de la liberté attestent au contraire que dans leurs délibérations ils ont conscience d'une force libre, maîtresse d'elle-même, qui se porte à son gré du côté de la passion ou du côté de la réflexion, qui se détermine elle-même, au lieu d'être entraînée par le motif le plus fort. Quant à la crainte de voir nos actions aller au hasard, si nous étions libres, elle est bien mal fondée; car si, comme nous l'avons vu, la liberté grandit avec la raison, la réciproque est également vraie, la sagesse et la moralité grandissent avec la liberté. Plus on est libre et débarrassé de toute entrave, plus on s'attache au bien, et plus il est difficile de nous en séparer :

être parfaitement libre, c'est être parfaitement raisonnable, et l'on n'a pas à craindre de voir l'ordre renversé par la liberté. Nous pouvons par la volonté contracter des habitudes, dominer les influences du dehors, donner une certaine régularité à notre vie; tandis que, dans le système de la nécessité, nous sommes à la merci des influences les plus diverses, les jouets de la passion et de la sensibilité, impuissants vis-à-vis de nous-mêmes et des autres, incapables dès lors de fixer notre vie, de compter sur notre vertu du lendemain. Doctrine avilissante qui, sous prétexte de rétablir l'ordre et l'uniformité dans les choses humaines, nous ravale au niveau de la matière et ne met aucun discernement entre l'homme et les animaux.

Tels sont les arguments que Vauvenargues emprunte à la psychologie pour asseoir la doctrine du déterminisme. Son système est très simple et peut se résumer dans une seule proposition. La volonté, déterminée par le motif le plus fort, détermine les actions à son tour et fait passer à l'acte la puissance d'agir ou liberté. D'où il résulte que non seulement la liberté n'appartient pas à la volonté, qu'elle est chassée du domaine intérieur de la conscience, mais qu'elle n'appartient pas davantage au pouvoir d'agir, puisque celui-ci, pour entrer en exercice, a besoin d'être déterminé, et que d'ailleurs il ne peut résister à l'impulsion de la volonté. La liberté ou puissance d'agir est absorbée dans le déterminisme psychologique. Ou plutôt nous sommes libres, tout le monde est d'accord sur ce point, mais nos actes sont déterminés, « il n'y a point de volonté qui ne soit l'effet de quelque passion ou de quelque réflexion. »

Cependant tout n'est pas à blâmer dans ces premières pages du *Traité du libre arbitre*. Il y a des aperçus nouveaux qui font honneur à la sagacité du jeune philosophe. Si Vauvenargues a exagéré le rôle de la pensée et du sentiment dans la détermination, il a du moins compris que la volonté ne pouvait s'en passer. Il a porté un coup mortel à la liberté d'indifférence et ruiné l'exemple de l'homme qui lève la main ou qui, pour prouver sa liberté, choisit indifféremment pair ou impair. « Un homme tire sa bourse, me demande pair ou non. — Le pair et l'impair sont possibles, mais il faut dire pair ou non, et le désir du gain m'échauffe, les idées de pair et d'impair se succèdent avec vitesse, mêlées de crainte et de joie, l'idée de pair se présente avec un rayon d'espérance : la réflexion est inutile, il faut que je me détermine, c'est une nécessité, et sur cela, je dis pair, parce que pair se présente en ce moment à mon esprit.

» Cherchez-vous un autre exemple? Levez vos bras vers le ciel, c'est autant que vous le voudrez que cela s'exécutera ; mais vous ne le voudrez que pour faire un essai du pouvoir de la volonté, ou par quelque autre motif, sans cela, je vous assure, que vous ne le voudrez pas : Je prends tous les hommes à témoin de ce que je dis là. »

Cette analyse est presque irréprochable. Placé entre deux

alternatives, il faut bien que l'homme choisisse, et si les deux partis sont indifférents en eux-mêmes, il prendra celui qui succédera dans son esprit non pas à la nécessité, comme le dit Vauvenargues, mais à la résolution d'en finir : le premier venu sera le bon, il aura sur l'autre l'avantage de la priorité.

Nous avons déjà eu occasion de le remarquer, vouloir sans avoir aucune raison de vouloir ce que l'on veut, ne serait pas vouloir. Une action qui serait absolument sans aucune raison connue de l'agent ne serait-elle pas une action aveugle et fatale? Vauvenargues a donc eu le mérite de comprendre la nécessité des motifs, mais pourquoi faut-il que de leur présence dans l'âme il ait conclu à leur action déterminante? Son triomphe l'a ébloui. La liberté d'indifférence, le pouvoir de se décider sans raison, sans motif, était le principal argument des partisans de la liberté (1). Vauvenargues l'ayant renversé, il crut avoir renversé du même coup la thèse du libre arbitre.

Il attribue au motif une nécessité secrète qui détermine la volonté et par elle toutes nos actions. Il suppose que nous ne sommes pas libres, et part de là pour expliquer le méca-

______

(1) « Parce que dans les délibérations importantes il y a toujours quelque raison qui nous détermine, et qu'on peut croire que cette raison fait dans notre volonté une nécessité secrète, dont notre âme ne s'aperçoit pas, pour sentir évidemment notre liberté, il en faut faire l'épreuve dans les choses où il n'y a aucune raison qui nous penche d'un côté plus que de l'autre » (Bossuet, *Traité du libre arbitre*, chap. II).

nisme de nos déterminations. Mais comme l'hypothèse n'est pas conforme à la réalité, il est obligé de refouler le témoi·gnage de sa conscience et de heurter le sens commun, pour développer son système et lui donner une apparence de démonstration.

On dirait cependant qu'il n'a pas confiance dans la solidité de son édifice. Pour le consolider il va emprunter des arguments à un autre ordre d'idées, demander au raisonnement et à la spéculation ce que n'ont pu lui fournir la nature et l'observation des faits, au déterminisme psychologique ajouter le déterminisme métaphysique et renforcer l'un par l'autre.

CHAPITRE II.

Déterminisme métaphysique ou fatalisme.

En dépouillant l'homme de la liberté, Vauvenargues lui a enlevé sa plus noble prérogative. Aussi, pour ne pas l'accabler de sa désolante doctrine, éprouve-t-il le besoin de lui rappeler que la raison, malgré son imperfection, est supérieure à l'absence de raison; que d'ailleurs cette imperfection est une nécessité, que la perfection infinie ne souffre point de partage. Dieu serait imparfait sans la dépendance des hommes. L'action n'est qu'un effet de l'être, l'être ne nous est point propre, l'action le serait-elle?

La raison même imparfaite est supérieure à la nature; il y a un abîme entre la spontanéité consciente de l'homme et l'instinct aveugle des animaux; mais l'intelligence ne remplirait pas son rôle si elle restait inactive et n'établissait pas son règne sur les appétits inférieurs de l'âme. Elle n'a pas été seulement donnée à l'homme pour connaître la vérité, mais pour s'y attacher. La sagesse de Dieu demande qu'il en soit ainsi, et ce pouvoir que l'homme doit exercer sur ses passions ne porte point atteinte à son souverain domaine. Nous essayerons de le faire voir, mais auparavant il importe de faire disparaître les équivoques et de renverser les sophismes qui en découlent.

Il n'est pas exact de dire que l'être ne nous est point propre. Sans doute nous n'existons pas par nous-mêmes, et Descartes a eu tort de définir la substance, « ce qui existe par soi, » définition qui a servi de fondement au panthéisme de Spinoza ; mais si Dieu nous a donné l'être, c'est afin que nous le possédions. Les partisans du libre arbitre ne disent pas qu'ils se sont donné à eux-mêmes une volonté libre, ils constatent simplement l'existence de cette faculté en eux. Ce don précieux nous élève au-dessus des autres êtres et nous permet d'agir à l'image de Dieu, sans contrainte, en nous aidant sans doute de forces étrangères, puisque la volonté a besoin d'être provoquée et mise en éveil par la pensée et le sentiment ; mais cette impulsion première, condition de la volition, ne l'empêche pas d'être libre. Causes secondes, nous sommes assujettis à la loi de l'effort et du progrès ; il n'appartient qu'à la cause première, à l'intelligence infinie, à la volonté souveraine de se déterminer spontanément, sans délibération et sans délai ; mais si notre volonté est défectueuse et limitée, comme tout ce qui est humain, elle n'en est pas moins le plus noble attribut de l'homme, celui qui le rapproche le plus de la Divinité.

Cette prérogative nous distingue des animaux. Ceux-ci cependant ont un être propre, car bien que créé par Dieu, cet être n'est point une qualité ou une émanation de l'essence divine, mais une individualité complète et distincte de sa cause aussi bien que des autres êtres qui l'entourent. Grâce à la liberté, l'homme n'est pas seulement un individu, un être particulier, mais une personne : non seulement son être lui est propre, mais ses actions lui sont moralement imputables. Tout effet se rapporte à sa cause, toute action à son principe, tout mode à sa substance. Or, tout être existant est cause, principe et substance, et toutes les opérations de cette cause, toutes les évolutions de ce principe, toutes les modifications de cette substance ne sont que les diverses faces du même être, que les diverses manifestations du même individu, et ne font qu'un avec lui. Si l'être est distinct, si son individualité lui est propre, ses actes lui appartiendront également, et l'effet d'une cause distincte et séparée ne pourra se rapporter qu'à cette cause et lui sera propre. On ne peut donc pas dire d'une substance quelconque que son être ne lui est point propre, et encore moins ses opérations ; ce serait au fond admettre le panthéisme et attribuer à une substance unique les opérations de tous les êtres. Mais, et c'est là ce que Vauvenargues voudrait renverser, non seulement l'homme est une cause distincte, mais une cause libre ; non seulement ses actions lui appartiennent, mais il les ordonne et fait ce qu'il veut. Il participe en quelque sorte de la puissance créatrice, sa volonté est le principe régulateur de sa vie et créateur de ses actes. Il tient de Dieu ce principe, mais il en dispose à son gré. « Dieu l'a laissé entre les mains de son conseil. »

Comme on le voit, cette question du libre arbitre en soulève une autre beaucoup plus vaste. Il ne s'agit pas seulement
de savoir si l'homme est libre, mais s'il est distinct de Dieu,
créé par lui, ou bien un mode de l'essence divine, Dieu lui-
même. Les difficultés que l'on oppose à la liberté de l'homme
retombent finalement sur la doctrine de la Création : au fond,
les deux questions n'en font qu'une, mais mystérieuse et
redoutable. Il n'y a rien de plus difficile à expliquer ou
plutôt de plus inexplicable que l'origine et l'existence du
monde. La doctrine de la Création est la seule acceptable,
la seule qui ne renferme pas de contradiction ; mais elle repose sur un mystère, la coexistence et la distinction du fini
et de l'infini, du relatif et de l'absolu. Cette vérité, que
Moïse a inscrite en tête de la *Genèse,* satisfait la raison des
sages, mais ne la rassasie pas. Les anciens n'avaient pu la
découvrir, ou, s'ils l'avaient entrevue, ils n'avaient pas osé
l'affirmer. Fortifiée par la tradition chrétienne, la raison
moderne l'a accueillie avec reconnaissance, mais que l'esprit
religieux, lien des esprits et soutien de la vérité, vienne à
faiblir, et l'on voit reparaître sous des formes diverses les
monstruosités du dualisme et du panthéisme antiques. L'esprit humain est curieux et superbe ; il veut connaître et
se révolte contre le mystère qui lui échappe. En présence
de deux vérités irréductibles, d'un problème insoluble,
s'il n'est pas retenu par le sentiment religieux, il aime
mieux nier l'un des deux termes que de reconnaître son

ignorance et son infirmité, nier la Création, la distinction du fini et de l'infini, que de croire à la raison, que de faire acte de foi, de soumission à l'incompréhensible, à l'absolu, à Dieu. Nous avons de la peine à reconnaître notre médiocrité, nous voudrions dépasser les bornes de la nature, nous élever dans les airs et nous égaler à la Divinité. Peine perdue! Dieu seul est infini, seul il possède la science et la sagesse absolue. Nous connaissons une partie de la vérité, nous percevons la réalité, nous ne pouvons en pénétrer la nature, « nous ne connaissons le tout de rien. »

Il y a un point au delà duquel la raison ne peut s'avancer avec assurance. Au delà de ce point commencent les systèmes imaginés à plaisir, les hypothèses arbitraires, les interprétations contradictoires. Les philosophes et les théologiens du moyen âge ont passé une partie de leur vie dans ces régions qui sont au delà de la terre habitable. Ils pouvaient impunément hasarder les systèmes les plus hardis, entre-choquer les formules les plus contradictoires : la foi soutenait les deux partis. Les thomistes n'étaient pas moins attachés au dogme de la liberté que les scotistes, et ceux-ci n'étaient pas moins convaincus du souverain domaine de Dieu que les thomistes. Au XVIIe siècle, après les excès de la Renaissance, on sera plus réservé, et contre les libertins qui commençaient déjà à lever la tête on revendiquera les droits de la puissance divine. Bossuet, Malebranche, Fénelon, se serviront, pour résoudre le problème qui nous occupe, d'arguments qu'on ne tardera pas à retourner contre eux. Au XVIIIe siècle, la religion n'ayant plus le même empire sur les âmes, on n'aura plus le même respect pour la vérité, ni la même condescendance pour la faiblesse de l'homme. On ne craindra pas de rompre avec la tradition, et, dans l'enivrement d'un esprit qui s'aveugle, de rejeter l'incompréhensible pour tomber dans l'absurde. Renouvelant les errements de la philosophie ancienne, on passera successivement du panthéisme acosmique au panthéisme athée, de la négation du monde à la négation de Dieu. Vauvenargues, l'un des premiers, délia le faisceau des vérités irréductibles et sacrifia la liberté humaine à la puissance divine. Il le fit avec précaution et entoura son entreprise des formes du respect le plus profond. Il commença par protester de son attachement à la croyance du libre arbitre, mais sa religion lui faisait un devoir d'établir « notre dépendance totale et continue de Dieu, » et par là même la nécessité de toutes nos actions et de tous nos désirs. Après avoir signalé la gravité et la difficulté du problème, nous allons maintenant essayer de faire voir que notre dépendance n'implique point la nécessité de nos actes, et que notre liberté ne peut porter atteinte à la toute-puissance de Dieu, que nous sommes libres sous un Dieu souverain.

L'homme ne comprendra jamais comment le fini existe en dehors de l'infini, comment le monde, la Création tout entière, réalité contingente et subordonnée, n'ajoute rien à l'essence de l'infini. La raison est obligée de reconnaître l'existence et la distinction de ces deux ordres, mais elle ne voit pas le comment, le milieu par où ces deux extrémités se rejoignent, elle ne peut que tenir fortement les deux bouts de la chaîne : les anneaux intermédiaires lui échappent.

L'existence et la réalité du monde s'imposent à notre intelligence. Or, puisque le monde existe, il y a, en dehors de Dieu, des réalités qui ne portent point atteinte à sa souveraineté. La plante a un principe de vie qui fait circuler la sève dans toutes ses artères, l'être animé se développe lui-même suivant des lois nécessaires, il est vrai, mais en vertu d'un principe qui lui est propre. Dieu leur donne ce pouvoir, cette faculté d'exister en eux-mêmes qui en fait des individualités distinctes, et non des modifications de la substance universelle. Sans doute c'est lui qui par son continuel concours les maintient dans l'existence, leur donnant l'être, le mouvement et la vie, mais ils ne font pas partie de son être ; ses bienfaits sont un véritable don ; il ne se donne pas à lui-même, il soutient de sa toute-puissance ses indigentes créatures. Le pauvre, le malheureux qui doit la vie à son bienfaiteur ne cesse pas d'être homme pour cela, ses relations de dépendance n'entament en rien sa personnalité. Les animaux que l'homme asservit à son usage conservent leur individualité, même lorsqu'ils ont désappris la franchise de leur première allure. De même, de quelques bienfaits que

Dieu nous enrichisse, il sauvegarde ses privilèges incommunicables et ne porte point atteinte à notre liberté.

On pourrait peut-être admettre que le souverain domaine de Dieu n'est pas compromis tant que les créatures exécutent ses ordres et suivent spontanément les lois de leur nature; mais leur accorder la liberté, la faculté d'agir par eux-mêmes, le pouvoir de regimber contre la loi éternelle et de contrarier les lois de la nature, c'est renverser l'ordre et méconnaître la souveraineté de Dieu.

De quelque couleur que l'on revète cette objection, sous quelque forme qu'on la présente, ce sera toujours un sophisme. Dès lors qu'on admet que Dieu peut accorder à ses créatures un principe de vie distinct de lui, une existence séparée, on est obligé de reconnaître qu'il peut leur donner la liberté. Pourquoi, pour emprunter le langage de Voltaire, le Dieu qui nous a donné une petite portion d'intelligence ne nous donnerait-il pas une petite portion de liberté, d'autant plus que l'un appelle l'autre, et que l'âme pour être heureuse éprouve le besoin de réaliser le bien que lui a fait entrevoir l'intelligence? Bien plus, notre plus noble attribut, le libre arbitre, est fini, et dès lors Dieu peut le réaliser en dehors de lui. Mais, dira-t-on, c'est trancher la question au lieu de la résoudre : il s'agit précisément de savoir si la liberté n'est point un attribut divin, un privilège incommunicable.

Nous pourrions tout d'abord conclure du fait à sa possibilité. Nous sommes libres : la même faculté qui nous révèle notre existence nous révèle notre liberté ; nous ne pouvons pas plus douter de l'une que de l'autre, à moins d'étouffer la voix de la conscience. Créatures bornées, nous ne pouvons avoir que des attributs finis, la liberté n'est donc pas infinie. Ou plutôt il y a une liberté infinie, pleine, entière, exempte de tout obstacle et de toute incertitude, c'est la liberté divine. Mais telle n'est pas la nôtre : elle est imparfaite, entravée par les ténèbres de l'esprit et la violence des appétits inférieurs, par les fumées de l'orgueil et l'emportement des sens. Elle est à la fois la marque de notre noblesse et de notre misère, c'est une force qui accuse notre infirmité et témoigne assez haut par ses écarts et ses hésitations qu'elle ne s'est pas faite elle-même, et qu'il ne faut pas la confondre avec les attributs de la divinité.

Par sa liberté, l'homme affirme, il est vrai, son indépendance vis-à-vis des mobiles qui le sollicitent en sens contraire ; il rompt la trame des phénomènes antérieurs et produit de sa propre autorité des actes vraiment personnels, mais il n'échappe pas à la souveraineté divine. C'est Dieu qui lui donne la faculté de vouloir, et de même que l'existence des êtres finis ne diminue en rien l'être infini, de même la liberté humaine ne saurait porter atteinte à la sagesse et à la puissance infinie. — L'homme a le privilège de ressembler à Dieu et de refléter son image dans toutes ses facultés, mais il reste toujours à égale distance de l'infini dans l'ordre moral, aussi bien que dans l'ordre physique. La liberté de faire le mal, de violer la loi éternelle, bien loin d'être une perfection absolue et de soustraire celui qui la possède au souverain domaine de Dieu, est au contraire une preuve de sa faiblesse et de sa dépendance. En effet, qu'y a-t-il de plus infirme qu'une faculté qui n'est pas sûre d'elle-même et qui ne peut obtenir sa fin qu'au prix de laborieux efforts, de plus dépendant qu'un pouvoir qui ne peut se maintenir et se défendre contre ses propres défaillances sans l'appui d'une force étrangère, sans le secours du Dieu qui le conserve? La liberté en elle-même, le pouvoir de choisir est un bien; le pouvoir de choisir le mal est une imperfection qui accuse l'infirmité native de l'homme et sa naturelle dépendance.

Non seulement la volonté est faible, mais son pouvoir, quoique indépendant, n'est pas souverain. Les œuvres de l'homme ne sont qu'une pâle image des ouvrages de Dieu : lui seul est créateur; les inventions du génie humain ne sont que des copies de l'éternel Architecte, qui seul possède la science des possibles et la puissance de les réaliser. L'homme imagine, il dispose, il transforme; mais cause seconde, il agit toujours sur une matière première; il n'est pas plus capable d'ajouter une coudée à sa taille que de créer un grain de sable. Dieu seul est vivant, et seul il donne la vie à qui il lui plaît. Il n'a pas cru que les efforts du génie de l'homme pussent porter ombrage à sa souveraine intelligence: de même il n'a pas craint pour sa puissance d'accorder à l'homme le pouvoir de se déterminer lui-même et de produire des actes personnels. Quoique libre en effet, l'homme ne cesse pas d'être sous la main de Dieu ; dans l'ordre moral, aussi bien que dans l'ordre physique et intellectuel, Dieu crée la matière première, et l'homme n'a que le pouvoir secondaire de travailler sur cette matière et de la façonner à son gré.

Les données sur lesquelles s'exerce la volonté, les influences du dehors, les désirs du cœur, les vues mêmes de l'intelligence ne sont pas des œuvres personnelles, n'appartiennent pas en propre à celui qui en est le sujet. Les désirs sont instinctifs, l'évidence nécessaire : la nature commande et les objets s'imposent. L'homme a le pouvoir de choisir entre l'attrait de la passion et les aspérités du devoir ; il fait une table ou une statue, mais il ne crée pas ses pensées et ses sentiments, pas plus que l'artiste ne crée le marbre qu'il transforme à sa guise. Dieu seul est souverainement libre, comme il est souverainement puissant ; il trouve en lui-même, dans les trésors de son infinie sagesse et de son indicible amour, les conseils de sa généreuse libéralité pour toutes ses créatures.

Quant à la liberté humaine, bien loin de rompre avec les lois de la nature, comme on l'en accuse, elle s'appuie sur elles. Laissée à elle-même, la volonté ne peut rien : il lui faut un point de départ dans la réalité. L'homme choisit, il délibère sur les objets que la nature lui présente, puis il se prononce, mais librement, avec pleine autorité; c'est sa loi, loi de la nature morale contre laquelle ne sauraient prévaloir les lois d'un ordre inférieur.

Sans doute aucun être ne peut se soustraire aux lois de sa création : déroger à ces lois, n'en plus sentir l'influence, c'est mourir, c'est retomber dans le néant. Mais l'homme qui use de sa liberté obéit à sa loi, il ne fait que mettre en usage les facultés que Dieu lui a départies. Il peut enfreindre la loi morale, comme il peut se tromper, mais il ne cesse pas d'être soumis à la loi de Dieu, sous la dépendance de l'éternelle raison et de l'éternelle sagesse.

Le mal moral atteint l'âme et la détourne de Dieu, son principe et sa fin, mais ne la soustrait pas à son souverain domaine et à son influence permanente. La désobéissance à la loi divine cause la mort spirituelle de l'âme, disent les théologiens, lui fait perdre l'amitié de Dieu; mais Dieu ne cesse pas de lui prêter son appui et de la maintenir dans l'existence.

Pour être libre d'enfreindre la loi, l'homme n'est pas in-dépendant, la loi le domine toujours. C'est Dieu qui com-mande par la voix de la conscience; l'homme a beau faire, il ne peut anéantir ce pouvoir inéluctable, cette autorité toujours souveraine et impérieuse. L'habitude du désordre peut émousser en lui le sens moral, mais la loi ne cesse pas d'être obligatoire et sacrée. Dieu n'abdique jamais, et l'homme est constamment sous sa dépendance. Mais, dira-t-on, il se révolte et refuse obéissance, sa liberté le délivre. — Il peut se révolter et proclamer son indépendance ; ce n'est qu'une ridicule bravade et une outrecuidance impie. L'enfant qui s'insurge contre son père ne détruit pas ses droits ni son pouvoir; il a beau protester, l'autorité paternelle reste intacte et sa rébellion retombe sur lui-même. Voulant l'indépendance, il s'est constitué l'esclave de sa passion, il est devenu victime de son attentat sacrilège.

Mais, réplique-t-on, la désobéissance elle-même n'est-elle pas un acte d'indépendance? — Un acte libre, non assûjetti aux mobiles présents à la volonté, voulu et dès lors imputable, mais non un acte souverain, absolu, indépendant de la loi morale qui régit toutes les actions humaines. Il n'est pas nécessité, mais il dépend et des pensées et des sentiments qui l'ont précédé, et de l'assistance divine qui conserve et soutient la faculté de vouloir.

Il y en a d'autres qui vont plus loin et qui prétendent que non seulement Dieu nous maintient dans l'existence et conserve en nous le pouvoir d'agir, mais qu'il coopère directement à chacun de nos actes, et que nous sommes d'autant plus libres que c'est Dieu lui-même qui nous fait libres. « Dieu, dit Bossuet, fait non seulement notre choix, mais dans notre choix la liberté même (1). » Dans son *Traité*

______

(1) *Traité du libre arbitre*, chap. VIII.

de l'existence de Dieu, Fénelon tient le même langage. « L'auteur du fond de l'être l'est aussi de toutes les modifications ou manières d'être des créatures... C'est lui qui a tout créé et qui fait tout dans son ouvrage. » Vauvenargues ne va pas plus loin, mais il tire hardiment les conséquences prochaines en apparence de ces affirmations téméraires. Puisque Dieu fait tout, il ne craint pas de dire que l'homme ne fait rien, qu'il n'est qu'un instrument entre les mains de son auteur. Dieu est tout-puissant, mais l'homme n'a pas la liberté qu'on lui attribue communément. Enseigner en effet que Dieu fait lui-même nos actes libres, que rien dans notre volonté n'échappe à son action, n'est-ce pas détruire la notion de la liberté qui consiste à agir par soi-même, à se déterminer soi-même? Il ne faut donc pas s'étonner si des esprits prévenus par ces exagérations de la puissance divine et préoccupés de la concilier avec la liberté de l'homme ont été amenés à ne voir dans l'homme qu'un automate, une pendule qui n'a d'action que celle qu'on lui imprime.

Mais rien ne nous oblige à adopter cette tentative de conciliation. Si elle ne détruit pas l'un des deux termes qu'elle prétend concilier, elle a du moins le grave inconvénient de ne rien expliquer et de présenter à l'esprit des difficultés plus grandes que celles qu'on a voulu faire disparaître. Entre nous et Dieu il y a un abîme infini; nos actions ne peuvent rien ajouter à ses perfections essentielles, et dès lors on ne voit pas pourquoi l'homme ne pourrait pas agir par lui-même, en dehors de l'activité divine. Pourquoi donc reculer devant la notion de la réalité, et vouloir tout absorber dans la divinité? D'ailleurs admettre le concours immédiat, et vouloir que Dieu fasse lui-même toutes les actions de ses créatures, n'est-ce pas compromettre sa sainteté et le faire coopérer au péché de l'homme? Car on aura beau dire que le mal est une imperfection, un défaut, un non-être, la volonté qui s'y porte ou s'y arrête fait un acte libre, elle est cause efficiente de cette volition coupable à laquelle Dieu ne peut prendre part. L'homme peut donc faire acte de liberté de lui-même, sans prémotion physique, avec la seule faculté de vouloir que Dieu lui donne. D'un autre côté, prétendre que les êtres créés ne peuvent rien par eux-mêmes, que Dieu ne peut les constituer à l'état de forces actives, agissant par elles-mêmes, vouloir qu'aucune de leurs évolutions n'échappe à son influence immédiate, n'est-ce pas incliner vers le panthéisme et insinuer que Dieu est l'âme du monde, qu'il en est inséparable et ne fait qu'un avec lui? Encore une fois, nier le libre arbitre n'est-ce pas renverser le dogme de la Création?

Ici se présente une autre difficulté. Il est vrai que les relations de Dieu avec le monde n'ajoutent rien à son essence, mais sa sagesse et sa bonté ne lui permettent pas de rester étranger au sort de ses créatures. S'il est éloigné de nous par son infinité, sa bonté le rapproche. Par sa providence, il veille sur notre destinée ; il connaît nos plus secrètes pensées, les desseins qui ne sont pas encore formés et que nous accomplirons un jour. Or, comment peut-il connaître d'avance ces déterminations libres qui ne sont pas encore, s'il ne doit pas les produire lui-même? L'objection est très grave. Pour la résoudre directement, il faudrait avoir une intelligence infinie, assister aux opérations de la Divinité et avoir le secret de notre propre activité, comprendre le mystère qui nous enveloppe de toutes parts, et qui fait que l'homme est un être incompréhensible pour l'homme. Cependant si la prescience divine est incompréhensible, elle ne renferme pas de contradiction. — « Il est de la nature du fini d'être successif et de la nature de l'infini de ne pas l'être. Donc le passé, le présent et l'avenir n'ont ce caractère que dans le fini et pour les intelligences finies, tandis que l'intelligence absolue embrasse tout du même coup d'œil (1). » Dieu voit tout dans la pleine lumière d'un présent éternel, et ce présent comprend ce que dans notre langue nous appelons le passé et le futur. Il sait et prévoit bien des choses dont il n'est ni la cause ni l'auteur; elles ne sont pas parce qu'il les prévoit, mais il les voit parce qu'elles sont. Notre pensée est finie, et la toute-puissance de Dieu infinie. « Ce qui fait, dit Descartes, que nous avons bien assez d'intelligence pour comprendre clairement et distinctement que cette puissance est en Dieu, mais que nous n'en avons pas assez

______

(1) J. Simon, *la Religion naturelle*, p. 226.

pour comprendre tellement son étendue que nous puissions savoir comment elle laisse les actions des hommes entièrement libres et indéterminées, et que, d'un autre côté, nous sommes aussi tellement assurés de la liberté et de l'indifférence qui est en nous, qu'il n'y a rien que nous connaissions plus clairement ; de façon que la toute-puissance de Dieu ne doit point nous empêcher de le croire (1). »

Rien ne s'oppose d'ailleurs à ce que nous admettions en Dieu une puissance, une omniprésence agissant sur nous de la même manière que sa sagesse et son éternité. Si connaître nos actes n'est pas indigne de sa sagesse, pourquoi la participation à ces mêmes actes, dans ce qu'ils ont de positivement bon, serait-elle contraire à sa sainteté? Il n'y a pas de succession ni de défaillance dans son éternelle durée, de même il n'y a ni désordre, ni agitation dans son acte immuable. Cause première, il enveloppe et pénètre l'action de la créature sans la produire : moteur immuable, il met tout en mouvement d'une manière indicible, laissant aux causes secondes la faculté de se mouvoir d'un mouvement qui leur est propre. En vertu d'une compénétration mystérieuse, son omniprésence correspond à chacun de nos actes, comme son éternité correspond à chaque point de notre durée. « Toute action de l'homme est le produit de la force divine qui agit au moyen de la force humaine, et de la force humaine qui agit

____

(1) *Les Principes de la philosophie*, part. I, p. 41.

par la force divine. Ces deux forces toutefois ne sont pas l'une à côté de l'autre, agissant et se limitant tantôt l'une, tantôt l'autre, tantôt toutes deux à la fois; le monde est par Dieu sans être Dieu, non partiellement, mais totalement(1). »

Mais je ne suis pas bien sûr de comprendre ces dernières lignes que j'emprunte à un théologien allemand, et j'ai hâte de me réfugier dans le silence de l'adoration en présence de l'infini. Qu'il nous suffise d'avoir vu l'écueil contre lequel tant d'autres sont venus se briser, et que l'expérience de leur naufrage nous détourne à jamais de les imiter et d'essayer témérairement de franchir les bornes que Dieu a posées à notre faible intelligence! Le seul avantage que nous puissions retirer de l'étude de ces questions qui nous dépassent, c'est d'apprendre à reconnaître notre ignorance et notre faiblesse, à devenir circonspects et sages avec mesure. Combien s'imaginent avoir triomphé de ces difficultés insolubles, parce qu'ils s'y sont heurtés ; mais après quelques années de vogue et d'engouement pour la philosophie nouvelle, leurs théories tombent dans le discrédit et vont grossir le nombre des hypothèses aventureuses et se confondre dans l'histoire de la philosophie avec les systèmes qu'ils s'étaient flattés de remplacer! L'ignorance de notre faiblesse, notre aveugle présomption est la source de toutes les erreurs et de tous les faux systèmes. La volonté embrasse plus qu'elle ne

(1) Mayers, *Dictionnaire de théologie par Goschler*, article *Liberté et Grâce*.

peut tenir : une fois qu'elle s'est engagée dans une direction elle ne sait plus s'arrêter. L'esprit ne l'éclaire plus qu'elle affirme encore et s'enfonce de plus en plus dans son préjugé. De là les aberrations les plus monstrueuses et les systèmes les plus contradictoires. Nouveaux Prométhées, les esprits téméraires que ne domine pas le sentiment religieux veulent à tout prix dérober le feu du ciel et pénétrer les mystères de la Divinité. Placés entre les deux extrêmes, sachons donc nous résigner à notre médiocrité et reconnaissons quelle est notre véritable situation vis-à-vis de la vérité. Nous avons assez de lumière pour connaître notre devoir et nous attacher au bien, mais trop peu pour en jouir ici-bas. Quant à l'explication des rapports de Dieu avec le monde, étant données notre faiblesse et la difficulté du problème, le meilleur système est de n'en point avoir, le plus sage est de s'incliner avec Bossuet devant l'incompréhensibilité du mystère et, quoi qu'il arrive, de tenir fortement les deux bouts de la chaîne, en reconnaissant avec Pascal que « la dernière démarche de la raison c'est de reconnaître qu'il y a une infinité de choses qui la surpassent (1). »

(1) Pascal, *Pensées*, art. XIII, édit. Havet, p. 184

CHAPITRE III.

Fausse définition de la liberté et de la vertu;

Placé entre deux vérités également certaines, entre la puissance de Dieu et la liberté de l'homme, Vauvenargues a eu le tort de sacrifier l'une à l'autre, et d'établir le règne de Dieu sur le néant de ses créatures. Cependant il ne veut pas rompre avec la tradition, il gardera le mot de *liberté,* après lui avoir enlevé sa signification, ou plutôt il lui donnera une signification nouvelle. La liberté n'est pas ce que la foule s'imagine, ce n'est pas le pouvoir de se déterminer, c'est la puissance d'agir conformément à la loi de Dieu. « Quand Dieu nous meut malgré nous, cela s'appelle *contrainte;* quand il nous conduit par nos propres désirs, cela s'appelle *liberté.* »

Il n'est pas nécessaire de faire ressortir la faiblesse de ce sophisme. Qui ne voit que cela s'appelle nécessité dans les deux cas, nécessité involontaire quand Dieu nous meut malgré nous, nécessité volontaire quand il nous conduit par nos propres désirs et nos inclinations naturelles? Vauvenargues confond le volontaire et le spontané avec l'habitude vertueuse et la liberté. Autre chose est le désir inné du bien, autre chose est la résolution énergique de l'accomplir; autre chose le sentiment de la beauté morale, autre chose la volonté arrêtée de s'y conformer. On ne manque pas de liberté lorsqu'on fait ce que l'on veut, pourvu qu'on le veuille véritablement, c'est-à-dire avec choix et libre discernement, mais on manque de liberté si ce que l'on veut s'impose à nous comme une nécessité de notre nature. Nous désirons être heureux, nous ratifions ce désir et voulons qu'il soit réalisé; ce désir est très légitime, mais il n'est pas libre, car nous ne pouvons pas ne pas vouloir notre bonheur.

« Que ce soit notre raison ou nos passions qui nous meuvent, poursuit le jeune philosophe, c'est nous qui nous déterminons; il y aurait de la folie à distinguer ses pensées ou ses sentiments de soi. » Cette réflexion a été reproduite de nos jours et louée officiellement comme une découverte récente, ce qui prouve combien Vauvenargues est peu connu et mérite de l'être. Dans son *Rapport sur la philosophie au XIXᵉ siècle*, M. Ravaisson déclare que ce qui a peut-être été dit de plus juste, concernant le rapport des volontés et de leurs motifs, se trouve résumé dans ce mot de Ch. Dolfus : « De ce que la volonté dépend toujours des motifs qui la déterminent, faut-il conclure que la volonté n'est pas libre? Non, car les motifs qui me déterminent sont mes motifs. En leur obéissant c'est à moi que j'obéis, et la liberté consiste précisément à ne dépendre que de soi (1). »

(1) Ch. Dolfus, *Méditations philosophiques.*

Comme on le voit, c'est la même pensée exprimée à peu près dans les mêmes termes, la même lacune dans l'explication de la volonté, pour ne pas dire le même oubli de la liberté.

La raison est impérieuse et la passion fatale, je ne puis pas plus échapper à l'évidence de l'une qu'à l'impulsion de l'autre. Si je n'ai pas une troisième faculté qui me permette de détourner mon attention et de réagir contre l'impression, je serai séduit par l'évidence ou entraîné par la passion, ce ne sera pas moi qui me déterminerai, ce seront les motifs, ou la raison qui est impersonnelle, ou la passion qui est fatale. Il ne faut pas distinguer ses pensées et ses sentiments de soi ; d'accord, pourvu que l'on ne sépare pas de la pensée et du sentiment la volonté qui les domine et préside à leur développement. Ces trois éléments du moi sont inséparables dans la détermination ; la volonté se porte librement vers l'objet de la pensée devenue sentiment. Mais il ne faut pas oublier que la volonté joue ici le rôle principal, et qu'elle est, à proprement parler, la source de la personnalité, l'attribut essentiel du moi. La pensée et le sentiment sont les antécédents et la condition de l'acte libre, des motifs : la volonté est la cause et la force déterminante.

Nos sentiments et nos pensées ne diffèrent pas de nous-mêmes, en tant que la volonté, le moi intervient dans la formation de la pensée et du sentiment ; ils en diffèrent, en tant que la pensée est l'appréhension d'un objet distinct de nous ou se présentant comme tel à notre esprit, en tant que le sentiment est une impression du monde extérieur ou du moi dédoublé se produisant dans notre âme. En d'autres termes, il faut distinguer dans tout phénomène psychologique deux éléments, l'un personnel, l'autre impersonnel. L'âme est d'abord passive, elle reçoit telle quelle l'impression qui vient du dehors, puis excitée par ce contact avec la réalité extérieure, elle entre en exercice, réagit sur les données premières et les façonne à son image. Elle se les approprie et les marque de son empreinte ; c'est alors qu'elle peut dire : ma pensée, mon sentiment.

Le devoir du psychologue est d'analyser ces divers éléments et d'attribuer à chacun la part qui lui revient dans le phénomène total. Dire avec Vauvenargues que nos pensées et nos sentiments ne diffèrent pas de nous-mêmes, c'est au moins manquer de précision et donner des armes aux adversaires du libre arbitre, car pour être exacte, cette assertion suppose l'intervention de la liberté dans les opérations de notre âme.

Cependant je suis obligé de faire une réserve (on ne saurait avancer avec trop de précaution dans un sujet si délicat), il est des pensées qui se présentent à notre esprit avec une telle clarté, des impressions qui font irruption dans notre âme avec une telle violence, que le rôle de la volonté est à peu près nul. Elle ne peut empêcher que l'esprit soit éclairé et l'âme émue, ce qui a permis de dire aux philosophes que la vérité est impersonnelle et la passion fatale, mais alors on ne peut pas dire que nos pensées et nos sentiments ne diffèrent pas de nous-mêmes. La pensée est en nous, dans notre esprit, mais elle n'est pas devenue nôtre sous l'action de la volonté : le sentiment agit sur notre âme, la resserre ou la dilate, suivant la nature de l'objet qui l'affecte, mais il n'est pas nôtre, tant que la volonté ne lui a pas donné son assentiment et n'est pas entrée en composition avec lui. Dans ce cas il n'est donc pas rigoureusement vrai de dire : ma pensée, mon sentiment; on devrait plutôt dire, pour être exact : l'idée qui s'impose à mon intelligence, l'impression qui agite mon âme et affecte ma sensibilité.

Mais, et c'est là ce que Vauvenargues affecte de méconnaître, quelle que soit l'évidence de la vérité ou la violence de la passion, l'homme reste maître de ses actes, et la volonté libre dans ses déterminations; elle peut à son gré mépriser la raison qui l'éclaire, ou fouler aux pieds la passion qui cherche à l'entraîner. Elle ne triomphe pas habituellement sans lutte; mais avec de la patience et de l'énergie, elle établit dans l'âme le règne de la justice et de la paix. Quelquefois cependant l'âme est en quelque sorte obligée de se faire violence pour trahir son devoir; il lui en coûte pour étouffer la voix de la conscience et faire le mal en présence du bien, préférer l'erreur et le mensonge à la clarté du vrai; mais bientôt elle s'émousse, les plus grandes vérités ne font plus d'impression sur elle ; elle a des yeux pour ne point voir, des oreilles pour ne point entendre.

Il arrive parfois, mais c'est une exception qui n'infirme en rien notre doctrine, que l'âme s'affaisse sous l'effort de l'objet qui la frappe : trop de clarté l'éblouit, trop de bruit l'assourdit, elle perd possession d'elle-même, et comme l'insecte fasciné par la lueur d'un flambeau, elle se porte où l'attire l'éclat de la lumière, où l'entraîne l'ardeur de la passion. Les âmes faibles, les enfants, les personnes incultes dont la volonté n'est pas encore formée sont exposés à ces défaillances ; mais un homme mûr et dans la plénitude de sa force et de sa raison est à l'abri de ce danger. Si l'impression est trop forte et la passion trop impétueuse, elle brise le ressort de l'âme, les passions s'y établissent alors en maîtresses et la dirigent dans tous les sens. C'est un navire sans pilote flottant à tous les vents, un automate qui n'a plus que l'apparence de la vie. C'est de l'aliéné qu'il est permis de dire que la pensée ou le caprice détermine l'action ; mais pour la régularité d'un système, il ne faut pas transformer le monde en un vaste hôpital de fous, ni soutenir que les hommes ne sont libres que par illusion, des automates inconscients.

Après avoir établi l'identité du moi et de la pensée, Vauvenargues revient sur un argument qu'il a déjà exposé un peu plus haut, et essaye d'établir l'identité de la pensée et de la volonté. « Je suis libre, je le sens, et mon sentiment est fidèle. Mais cela n'empêche pas que mes volontés ne tiennent aux idées qui les précèdent, leur chaîne et leur liberté sont également sensibles, car je sais par expérience que je fais ce que je veux ; mais la même expérience m'enseigne que je ne veux que ce que mes pensées ou mes sentiments m'ont dicté. » Les volontés tiennent aux pensées qui les précèdent, mais n'en dépendent pas. Il ne faut pas tomber dans le sophisme qui confond l'antécédent avec la cause et prend le conséquent pour l'effet, *post hoc, ergo propter hoc*. La nuit succède au jour, c'est une simple succession et non la production d'un effet par une cause. La volonté succède à la pensée, mais n'est pas produite par elle ; la pensée est une condition nécessaire à la volition, ce n'est pas une cause. Que se passe-t-il en effet dans l'âme au moment où elle se détermine ? Elle est sollicitée par des mobiles contraires qui se disputent sa préférence : ou bien c'est une action vertueuse à accomplir qui réclame son énergie contre l'attrait du bien-être et de la mollesse, ou bien c'est une vérité mystérieuse qui réclame son assentiment et combat l'orgueil de l'esprit, ou bien c'est une pensée, un sentiment terrestre en conflit avec la délicatesse et la pureté du cœur. Ce dualisme existe dans toutes nos volitions ; quelque parti que nous prenions, nous refoulons toujours une impulsion plus ou moins latente qui nous pousse en sens contraire. Quelquefois nous sommes plutôt portés que véritablement en marche, tout va au gré de nos désirs, il n'y a pas ombre d'hésitation ni de regret, et cependant notre détermination toute spontanée n'a pas été simple, elle a dû écarter l'un des deux mobiles qui se trouvent au fond de toute délibération. Il n'y a que le bien infini se dévoilant à notre âme qui puisse ravir l'intelligence et entraîner la volonté simplement et sans ombre de vicissitude, car toute autre lumière pâlit devant la splendeur divine, tout bien s'évanouit en présence de la bonté infinie.

Tout autre motif, quel que soit son attrait; tout autre mobile, quel que soit son poids, est incapable de faire violence à notre âme et de forcer la volonté. Le bien infini, entrevu à travers un miroir, en énigme, comme dit l'Apôtre, est trop invisible et trop éloigné pour nous attirer à lui malgré nous. Nous avons besoin, pour arriver à lui, de joindre nos efforts à l'attrait de sa bénignité. Les plaisirs que le monde nous offre sont trop bruyants et trop vides, trop impétueux et trop inconstants pour nous arracher à nous-mêmes et pour nous rassasier. Lorsque nous allons de nous-mêmes au-devant du bonheur qui nous sourit, nous sommes plutôt séduits qu'entraînés, l'intelligence est éblouie, le cœur fasciné, l'âme tout entière est ébranlée à la surface, mais dans son fond, elle n'est pas complètement détachée : la volonté se laisse aller plutôt qu'elle ne se donne, sa nonchalance empêche toute hésitation, son apathie coupe court à toute délibération. « Lorsque le bien se découvre à l'âme, dit Malebranche, et l'attire par sa douceur, elle n'est point en repos si elle demeure immobile, car il n'y a point de plus grand travail que d'être ferme dans les courants; dès qu'on cesse d'agir on est emporté(1). » Mais habituellement, que la volonté entre en lutte avec la passion ou qu'elle se rende sans combattre, l'issue du conflit lui est imputable; elle est responsable de sa défaite, car elle pouvait remporter la victoire. Elle devait tout d'abord rassembler ses forces et réagir de tout son pouvoir contre la promptitude de l'esprit et la faiblesse de la chair; elle pouvait ramener la sérénité dans l'intelligence et apaiser les emportements du cœur, donner la préférence aux secrètes inspirations de la conscience et captiver son élan dans l'attente des biens éternels. Quelquefois cependant la passion obscurcit l'intelligence et ne permet plus à la volonté de faire son choix, de se déterminer; l'esprit se trouble et devient incapable de discerner le bien du mal, il voit, mais ne distingue plus. C'est une intuition pure et simple qui ne va pas jusqu'au jugement; l'acte qui la suit n'est plus dès lors un acte humain proprement dit, c'est un phénomène nécessaire et fatal comme l'idée qui le produit, et qui n'est plus dès lors imputable. Tels sont les emportements du frénétique, de l'aliéné, du malade obsédé par la fièvre, il voit ce qu'il fait, mais ne le *pense* pas; lorsque l'accès est calmé, il s'en souvient, mais ne se reconnaît pas coupable, cependant il a honte, car il reconnaît

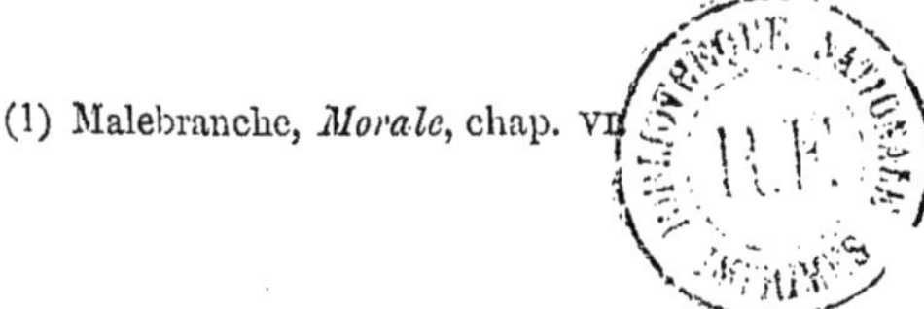

(1) Malebranche, *Morale*, chap. VII

7

qu'il ne se possédait plus, tellement c'est chose naturelle à l'homme de gouverner sa vie et d'ordonner ses actes. Mais c'est là un fait pathologique qu'il faut bien se garder de confondre avec les actes de l'homme dans son état normal. Il suffit de rentrer en soi, de consulter sa conscience pour reconnaître que tel n'est pas le caractère habituel de nos actes et de nos volontés. Chacun a pu surprendre en soi, dans un demi-sommeil ou dans un moment d'exaltation et d'oubli, certains mouvements désordonnés, certaines réactions prime-sautières dont il n'est pas responsable, mais il n'est personne qui revendique la liberté en faveur de ces actes. C'est précisément la différence qui les sépare des actes véritablement libres qui nous permet de voir combien est fausse la théorie fataliste. Il est quelquefois difficile d'établir le degré de notre liberté et la mesure de notre responsabilité, de déterminer jusqu'à quel point nous avons compris et voulu ce que nous faisions ; il y a des cas douteux, des actes ambigus, mais il n'est pas permis de nier l'existence de la liberté et de la responsabilité dans l'homme, d'attribuer au déterminisme de la nature les actions qui se révèlent à notre conscience avec tous les caractères de la personnalité libre.

Vauvenargues confond la connaissance avec la liberté, et parce que nous avons conscience de certains actes nécessaires, il s'imagine que cette connaissance les rend libres, au lieu de reconnaître, ce qui est vrai, que la conscience affirme simplement la fatalité sans la modifier et la détruire. Prenant pour modèles de nos actes libres des actes qui ne sont que volontaires, il prétend que la chaîne et la liberté de nos volontés sont également sensibles. De là sa méprise et sa fausse interprétation. L'homme en fureur réagit tout d'abord contre l'ennemi qui l'a frappé, l'insulte appelle la vengeance ; il a conscience et de son acte et de sa nécessité, c'est un premier mouvement, *motus primo-primus,* que la raison ne pouvait empêcher, la nature ayant pris les devants et enchaîné, pour ainsi dire, les représailles à l'offense. Aussi ce premier mouvement n'est-il point un acte libre et imputable.

Lorsque la volonté se détermine sans effort pour le parti le plus raisonnable, lorsque le bien moral est favorable à nos inclinations naturelles, lorsque, pour parler avec Vauvenargues, la volonté de l'homme est conforme à celle du Créateur, il semble que la liberté est nulle, et que notre volonté est enchaînée aux pensées qui l'ont précédée. Il n'en est rien cependant : ou bien la liberté n'est pas intervenue, et alors c'est un fait purement volontaire, ou bien la volonté a déployé son énergie, a consenti librement à un bien qui l'attirait sans l'entraîner, s'est approprié par son libre acquiescement les sentiments et les pensées qui la portaient au bien. Cette conformité de la volonté avec la loi morale s'est accomplie sans effort, la détermination n'a laissé que de faibles traces dans la conscience, et c'est pourquoi l'observateur superficiel, n'ayant pas saisi le passage du sentiment à la volition, regarde comme les anneaux d'une même chaîne des actes consécutifs provenant de causes différentes. Vauvenargues a compris que la passion et la vertu n'étaient pas incompatibles, et que l'on pouvait être heureux en faisant le bien. Il avait raison de rendre la vertu aimable et de réagir contre le rigorisme janséniste, mais voilà qu'il renverse d'une main ce qu'il édifiait de l'autre, lorsqu'il prétend que l'action vertueuse est nécessaire, que sa chaîne et sa liberté sont également sensibles. Cette vertu qu'il voulait embellir, il la dégrade et lui enlève tout son prix. Au lieu de partir de la vertu héroïque pour saisir la volonté dans toute son énergie, en étudier la nature, et de là dans les actions ordinaires en démêler les éléments sous le tissu de la coutume et les attraits de la passion, il commence par exalter la vertu facile, et, comme celle qui exige des efforts semble plus méritoire, il soutient que de ce côté elles sont égales, nos actes volontaires étant à la fois libres et enchaînés.

L'homme ne veut que ce qu'il connaît, *ignoti nulla cupido,* mais dire comme Vauvenargues : « Je ne veux que ce que mes pensées ou mes sentiments m'ont dicté, » c'est exprimer en termes impropres une vérité banale, ou bien glisser sous des paroles vagues et indécises une erreur très dangereuse. En effet, si le philosophe veut par là nous faire entendre que la pensée précède la volition, et que l'homme ne choisit rien qu'il ne connaisse, il reste dans la vérité, mais nous expose à tomber dans l'erreur ; car, à serrer de près la métaphore, si la volonté ne fait que copier les dictées de la pensée, c'est l'intelligence qui est véritablement déterminante et non la volonté. Si, au contraire, comme il ressort de l'ensemble du traité, il se sert à dessein de ce langage équivoque pour dissimuler l'erreur de son système et en atténuer les saillies, on ne saurait blâmer trop sévèrement ce procédé trompeur, ce manque de franchise et de netteté dans une question si épineuse. C'est de plus se tromper grossièrement que d'assimiler la volonté à un subalterne et d'en faire le copiste de l'intelligence ou l'esclave du sentiment ; car, outre que la volonté intervient elle-même, comme nous l'avons vu, dans la formation de la pensée et du sentiment, elle choisit entre les divers mobiles qui se disputent sa préférence et se porte à son gré vers l'un ou vers l'autre. L'intelligence l'éclaire, mais ne lui dicte rien ; elle lui montre les différentes raisons de chaque chose, le pour et le contre, mais ne lui impose ni l'un ni l'autre : c'est elle qui choisit et se détermine.

Elle est libre de choisir, disent les uns, de faire ou ne pas faire, disent les autres. Il serait plus exact de dire qu'elle a le pouvoir de vouloir, de se déterminer, de s'unir à l'objet qu'elle préfère. Les premiers en effet attribuent, semble-t-il, à la volonté des actes qui ne sont pas de son ressort, l'élection appartenant à l'intelligence et l'exécution à la force motrice. Il est vrai que la volonté se trouvant placée en présence de deux biens et se déterminant en faveur de l'un semble faire un choix et rejeter l'autre ; mais la volonté est amour, elle a le bien pour objet, on ne peut dès lors lui attribuer des actes qui ne peuvent être accomplis que par l'intelligence ou faculté du vrai, tels que l'élection, le jugement, etc. Il n'y a pas de pensée pure : la volonté intervient sans doute dans les opérations de l'entendement, mais ce serait singulièrement exagérer son rôle que de lui attribuer des opérations auxquelles elle ne prend qu'une part tout à fait secondaire. Donc, sans condamner absolument ceux qui définissent la liberté libre arbitre, faculté de choisir, il faut blâmer cette définition comme impropre, inexacte, et se prêtant à des interprétations dangereuses. Certains philosophes en effet, prenant cette définition à la lettre, attribuent la liberté à l'intelligence et constituent la volonté son esclave, sa suivante, *voluntas sequitur intellectum,* comme si la volonté pouvait être enchaînée, comme si elle ne pouvait pas déconcerter les vues de l'intelligence et renverser ses projets, mépriser la voix de la conscience pour se laisser aller aux attraits du plaisir ou, à son gré, refouler la passion pour s'attacher au bien véritable. Mais, réplique-t-on, la volonté ne peut se déployer sans la connaissance du but où elle tend, *principium intrinsecum cum cognitione finis.* Sans doute, et dans ce sens, la volonté suit toujours l'intelligence ; mais plusieurs voies s'ouvrent devant elle, divers biens la sollicitent; et, quelles que soient les préférences de l'intelligence, quelle que soit son élection, la volonté intervient en dernier lieu et pro-- nonce en dernier ressort; elle se porte où elle veut, se dé-- termine, s'arrête au but qu'elle préfère. L'intelligence a fait son choix, mais rien n'est décidé tant que la volonté ne l'a pas ratifié et adopté comme sien. C'est la volonté qui met le sceau à la délibération et donne la prévalence aux motifs qui lui agréent; puis, sa détermination prise, elle met en branle la puissance exécutrice.

La volition est un acte impératif : tantôt la volonté ne franchit pas le sanctuaire de la vie intérieure, tantôt elle se manifeste au dehors ; mais, quel que soit l'effet de son com- mandement, son acte est complet, dès lors qu'elle s'est pro noncée. Je ne parle pas de la simple velléité, qui est plutôt une intention, un désir, qu'une volition proprement dite. Si la violence de la passion ou les obstacles du dehors rendent im-- possible l'exécution de ses ordres, la volonté n'en reste pas moins intacte; car, dès qu'elle veut véritablement, elle tend vers l'objet qu'elle préfère et se l'approprie autant qu'il est en elle. C'est en cela que consiste son acte. La volition est un assentiment, une adhésion, une union de l'âme au bien qu'elle cherche; elle se donne elle-même et s'approprie l'objet de son acte volontaire. Si la volonté n'atteint pas son but, si elle ne se repose pas dans la possession réelle de l'objet voulu, elle le possède virtuellement et en esprit, son acte est complet et imputable. Le martyr est libre dans les fers ; il reste attaché à la foi qu'il ne peut plus prêcher, son zèle est le même, mais il ne peut plus le déployer ; son amour de Dieu n'est pas moins vif, mais il ne peut plus le manifester ; sa volonté est la même, ses actions seules sont entravées. O grandeur et puissance de la volonté humaine ! Tout passe, tout change autour d'elle, elle seule reste stable et immobile : elle commande au temps et à la matière, les choses qui se succèdent ne peuvent l'entamer ; elle est céleste et immortelle, appelée à se reposer éternellement dans l'amour et la possession du bien immuable et infini !

La volition étant donc un acte exclusivement interne et spirituel, il ne convient pas de définir la liberté pouvoir de faire ou de ne pas faire. Cette définition est trop large et trop indéterminée. En effet, la volition n'est pas un acte quelconque, c'est un acte d'un ordre à part, essentiellement spirituel, une libre adhésion de la volonté à l'objet qu'elle préfère, et dire d'une manière générale que c'est le pouvoir de faire ou de ne pas faire, c'est ne rien définir ou attribuer à la volonté des actions qui ne sont pas de son ressort. C'est s'exposer à confondre, comme Vauvenargues l'a fait, la liberté qui est toute intérieure avec les actions qui se manifestent au dehors, l'acte impératif de la volonté avec l'exécution de son commandement.

Vauvenargues reproduit son erreur de mille manières et

l'insinue sous toutes les formes. Son langage est limpide et correct en apparence, mais il manque de justesse et de précision. Sa pensée flotte indécise ou insidieuse, sous des termes vagues et équivoques. Est-il à la recherche de sa pensée, et l'indécision de sa parole trahit-elle l'incertitude de son esprit; ou bien, son opinion arrêtée, essaye-t-il, en ne s'écartant pas trop du langage ordinaire, de dissimuler ce qu'elle pourrait avoir de changeant? C'est un problème difficile à résoudre, mais quelle que soit la solution qu'on adopte, ce manque de clarté et de précision rend la tâche du critique très pénible, et il lui est difficile de ne pas se rebuter à la fin lorsqu'il se retrouve toujours en face de la même difficulté, présentée sous des termes différents, mais également vagues. C'est l'impression que produit en nous la dernière maxime qui nous reste à examiner. C'est la même pensée que nous avons déjà rencontrée plusieurs fois, les mots eux-mêmes ne sont pas nouveaux et n'ont pas perdu leur équivoque, leur combinaison, leur agencement seul est nouveau. « Nulle volonté dans les hommes qui ne doive sa direction à leurs tempéraments, à leurs raisonnements et à leurs sentiments actuels. »

Ce langage est tout à fait insuffisant, sinon erroné. Veut-on dire que notre tempérament, nos pensées, nos sentiments influent sur nos volontés? C'est une vérité banale et cent fois répétée : tous ces éléments et bien d'autres sont autant de mobiles qui sollicitent et tiraillent la volonté dans tous les sens. Pour entrer en exercice et poser son acte, la volonté a besoin d'être excitée et mise en mouvement par le désir et par l'idée. Veut-on aller plus loin et assujettir la volonté à la fatalité des impressions de l'âme, de telle sorte qu'elle soit forcée de les suivre sans jamais pouvoir les dominer? C'est évidemment dénaturer l'acte de la volonté et nier toute liberté. Le propre, en effet, de la volonté, est d'intervenir dans le conflit des pensées et des sentiments et de leur imposer sa détermination. C'est elle qui dirige l'intelligence, modère la passion, gouverne l'âme tout entière. Elle n'a point de direction à recevoir, c'est elle au contraire qui impose son autorité, étouffe à son gré la voix de la raison, ou comprime les élans de la passion et les exigences du tempérament. Subordonner la volonté au raisonnement et au sentiment, soumettre la liberté à la direction du cœur ou de l'intelligence, c'est renverser l'ordre et obscurcir la notion qu'on essaye de mettre en lumière. On peut encore après cela conserver le nom de la liberté, mais la chose a disparu. L'équivoque et l'incertitude appellent la négation : on s'était d'abord servi de termes vagues et ambigus, maintenant les mots sont vides de sens et ont perdu toute signification.

Pour appuyer son système, Vauvenargues prévient en cet endroit une objection qu'on ne manquerait pas de lui faire. Si toute volonté doit sa direction à nos raisonnements, comment se fait-il que les vérités les plus graves ne font pas toujours pencher la balance, et « comment tant de malheureux se perdent-ils dans le crime contre leurs lumières ? » Le moraliste triomphe de cette difficulté et fait observer que pour la volonté il y a une grande différence entre le bien absolu, qui est loin de nous, et le bien relatif qui est à notre portée, entre les notions vagues et les idées vives, entre les souvenirs languissants et la passion présente et les sentiments actuels. « Le bien le plus grand ne nous remue pas toujours, mais celui qui se fait sentir avec le plus de vivacité. » Réflexion très judicieuse et qui explique parfaitement l'indépendance de l'âme à l'égard des objets ; mais il dépasse le but et tombe dans un autre excès lorsqu'il asservit la volonté au sentiment, à l'impression prédominante. D'après lui, ce n'est pas la valeur objective de nos idées qui entraîne la volonté, et en cela il a raison, mais pourquoi leur vivacité pourrait-elle ce que n'a pu l'importance de leur objet ? Si la vérité ne nous entraîne pas, n'est-ce pas qu'il y a en nous un pouvoir de l'atténuer et d'affaiblir son impression, n'est-ce pas parce que la volonté de son autorité privée neutralise l'action de l'intelligence en s'interposant entre l'âme et l'objet qu'elle a perçu ?

Ce même pouvoir, pourquoi ne l'exercerions-nous pas contre la violence du sentiment ? Si la volonté peut, en se portant vers l'objet de la passion, distraire l'intelligence et la détacher, pour ainsi dire, de la vérité, ne peut-elle pas également modérer la passion et la dominer en fixant son attention sur l'obligation du devoir et la beauté de la loi morale? L'évidence de la vérité, la splendeur du bien ne détruisent pas l'attrait du mal et n'empêchent pas la délibération : de même la vivacité du sentiment et la violence de la passion, lorsqu'elle n'est pas à son comble, n'étouffent pas le sens moral et n'empêchent pas le travail de l'intelligence. Dans l'un et l'autre cas, c'est la volonté qui décide, soit qu'elle cède à la passion, soit qu'elle en triomphe.

C'est à tort que Vauvenargues prétend que nous ne pouvons même avoir la volonté d'appeler la raison à notre aide, lorsque la passion nous conseille. C'est précisément là ce qui fait le combat intérieur, le conflit de la sagesse et de la passion, ce qui rend parfois si laborieuse la délibération et si tardive la détermination. Si la raison disparaissait devant la passion, la vie ne serait plus un combat, l'homme ne serait plus en butte à ces incessantes agitations, à ces tiraillements intérieurs qui le ballottent en tous sens : sur l'univers aveuglé la passion assoupie régnerait immobile. Il faut ne pas avoir observé l'âme humaine, ni étudié le phénomène de la délibération pour heurter si violemment le témoignage de la conscience et contredire une expérience à la portée de tous. Il n'est pas moins choquant d'asservir la volonté à la vivacité du sentiment qu'à l'attrait de la vérité, c'est, dans les deux cas, nier la liberté et refouler le témoignage du sens intime.

L'homme est libre : s'il a le funeste pouvoir de faire le mal, il possède aussi le pouvoir de faire le bien ; il se porte vers l'objet de sa préférence, le bien ou le mal, à son gré, car Dieu l'a laissé entre les mains de son conseil.

———

CHAPITRE IV.

Altération des faits. — Fausse interprétation de la morale évangélique.

Maintenant il n'y a plus d'équivoque. Encouragé par les arguments qui précèdent, Vauvenargues affirme nettement son système et déchire tous les voiles. Il n'a plus peur qu'on l'entende. Ceux que sa thèse aurait effarouchés tout d'abord doivent être convaincus par le nombre de ses preuves ou séduits par les artifices de son langage. « Les idées, dit-il, font naître le sentiment, le sentiment la volonté. » On ne saurait être plus clair et plus explicite. « Les idées les plus sensibles, les plus austères, les plus vives, l'emportent enfin sur les autres ; le désir qui prend le dessus change en même temps de nom et détermine notre action. »

C'en est donc fait, la volonté n'est pas maîtresse, elle est aveugle et fatale, c'est un désir prédominant qui change de nom. « Tout a sa raison, tout arrive comme il doit être ; il n'y a donc rien contre le sentiment ou la nature. Je m'entends, mais je ne me soucie pas qu'on m'entende (1). »

(1) *Réflexions et Maximes* (360), t. I, p. 428.

Cette maxime a retrouvé sa véritable place, et Vauvenargues qui ne se souciait pas d'être entendu, lorsqu'il s'y arrêta la première fois, s'efforce maintenant de la mettre en pleine lumière. Qu'on ne vienne pas lui opposer les hésitations et les restrictions du philosophe anglais Locke, qui d'une part, après avoir affirmé que l'inquiétude seule détermine la volonté, reconnaît cependant à l'âme le pouvoir de suspendre l'accomplissement de ses désirs et de les comparer les uns aux autres. Que le bien nous détermine lui-même d'une manière immédiate par le malaise ou l'inquiétude qu'il cause en nous, ou médiatement après un solide examen, dans lequel on a considéré les objets les uns après les autres, il demeure inébranlable, dans l'une et l'autre hypothèse, que nos passions et nos idées actuelles sont le principe universel de toutes nos volontés.

Et, pour rendre la chose plus palpable, Vauvenargues reprend à loisir et développe avec complaisance un exemple qu'il a déjà exposé plus haut. Il nous représente un homme d'une santé languissante et d'un esprit corrompu graduellement, mais fatalement entraîné au mal. Il se rend d'abord auprès de sa maîtresse, uniquement pour la voir : sa pensée n'ose aller plus loin, parce qu'il souffre et qu'il languit. Mais tout est vicieux au sein du vice, et voici déjà l'habitude qui combat les sages conseils. Près de l'objet de son amour, son sang circule avec plus de vitesse, ses craintes et ses réflexions disparaissent comme des ombres. Sa première résolution chancelle et s'évanouit, des désirs plus doux la combattent. L'objet de ses terreurs est loin, le plaisir est proche et certain, il y touche en mille manières par les sens ou par la pensée. Cependant l'expérience mêle encore quelque inquiétude à ces sentiments flatteurs : la proximité du plaisir et la prévoyance des peines se contrarient. Mais qu'est-ce que la vie sans plaisir? Ce n'est point un mal sans ressource que de céder à l'occasion, on a tant fait de chemin! Là-dessus vient un regard qui donne d'autres pensées, la crainte et la raison se cachent, et la volonté dominante se consomme dans le plaisir.

Prise isolément, cette page est peut-être la plus séduisante de tout l'ouvrage, mais elle a le grave inconvénient de ne rien prouver. Vauvenargues appelle vainement toutes les grâces de son esprit et tous les charmes de son imagination à l'appui de sa thèse. L'exemple dont il se sert a la valeur de la preuve qu'il est censé mettre en lumière. Son affirmation était gratuite, les faits vont se retourner contre lui. Les phénomènes qu'il décrit n'ont aucune signification par eux-mêmes : si l'on veut en tirer un argument pour ou contre la liberté, il faudra les étudier plus à fond et ne plus se contenter d'en faire miroiter la surface.

Nous assistons au conflit de la passion et du devoir, à la lutte que se livrent le bien et le mal dans la conscience d'un homme débauché. A qui sera la victoire, et quelle sera l'issue du combat? Nous ne pouvons pas répondre *a priori*.

Si la défaite de la vertu nous paraît plus probable, elle n'est cependant pas certaine. On a vu des vaincus faire un suprême effort et terrasser leur vainqueur. Vauvenargues a donc tort de regarder le triomphe du mal comme nécessaire, et la violation du devoir comme inévitable. Pour étayer son système il est obligé non seulement de nier la liberté, mais encore d'enlever à la volonté toute énergie, toute spontanéité.

C'est un instrument passif, un pendule irrégulier, oscillant tantôt à droite, tantôt à gauche, à des intervalles inégaux, sous l'impulsion de forces étrangères, et suivant la direction de la passion prédominante. S'il y a une résolution prise, il faut bien prendre garde que la volonté ne s'est pas formée elle-même, cela est essentiel. Un choc plus violent et plus soutenu a fait incliner le pendule au-dessous de la normale, et l'a, pour ainsi dire, enrayé jusqu'à ce qu'une nouvelle impulsion, ou plus forte ou plus prolongée, le ramène en sens contraire et lui rende la liberté de ses mouvements.

Voilà, si nous la comprenons bien, la vraie notion de la liberté telle que l'entend notre philosophe. Il n'est pas besoin de rappeler combien cette notion est fausse et contraire à l'expérience, ni de faire voir combien Vauvenargues s'éloigne de la vérité; mais pour montrer l'inanité de ses efforts et la faiblesse de son raisonnement, nous allons reprendre son exemple, indiquer à côté du phénomène posé la possibilité du phénomène contraire, et dans cette série de faits imaginés en faveur du fatalisme, trouver une place pour la liberté. Il est regrettable que le moraliste n'ait pas pris ailleurs un exemple dont il trouvait des modèles dans toutes les conditions ; mais puisque nous voulons le combattre, nous sommes bien obligé de le suivre sur son propre terrain.

C'est tout d'abord un homme qui se rend auprès de sa maîtresse : comme il est épuisé par la maladie, il ne vient que pour la voir. Sa passion ne l'entraîne pas, mais il se prête volontiers à une démarche qui semble offrir peu d'inconvénients. D'ailleurs il sera sage : au lieu de fuir le danger, il s'encourage lui-même à l'affronter. Il pouvait d'un seul coup, par un acte de volonté énergique, éviter cette épreuve et refouler la tentation, mais voilà qu'il l'accueille et la caresse avec complaisance. Au lieu de réagir, la volonté pactise avec le désir et tourne la raison du côté de la passion. Voilà du terrain perdu, cependant l'issue du combat reste encore incertaine. — Mais « près de l'objet de son amour, sa force et son feu se rallument. » — La situation devient plus alarmante : l'esprit se trouble, la volonté se déconcerte ; au fort de la mêlée, l'âme ignore son chemin et ne sait plus où diriger ses efforts. La souffrance a disparu, et avec elle les sages réflexions. Après cette explosion, le calme tend à se rétablir, l'esprit recouvre peu à peu sa liberté, mais l'âme est voluptueusement émue et comme fascinée, la volonté est fortement sollicitée; mais toujours libre, elle peut se raidir, et faisant une diversion, détourner le danger, détruire le charme du cœur et de l'imagination par la tension de l'intelligence et la vigueur de la pensée. Elle n'est pas inerte, elle peut entrer en lutte et commander à la passion tant que l'esprit n'est pas aveuglé. — Mais il est plus doux de descendre la pente enchantée du plaisir que de gravir la route escarpée du devoir, et Vauvenargues, qui préfère la voix de la nature à celle de la raison, qui aimerait mieux « rendre la vie que se contraindre, » n'a que faire ici de la liberté. — La nature a parlé, le devoir est un préjugé, la liberté une illusion. Aussi, tout entier au charme de sa peinture, au développement de la passion, n'a-t-il garde de faire intervenir cette faculté énergique qui a le pouvoir d'accomplir le devoir le plus austère, à l'encontre des passions les plus séduisantes et des sentiments les plus vifs.

Le plaisir est proche, il faut en jouir. — Cependant l'expérience du passé fait craindre pour l'avenir. La volonté aidée de la raison pourrait encore arrêter le mal, mais non : la passion est plus forte, il faut que la raison se rende et justifie sa propre défaillance. « Qu'est-ce que la vie, lorsqu'elle est abîmée dans la vue de la mort, dans une tristesse sauvage, sans plaisir et sans liberté? Quelle folie de quitter le présent pour l'avenir, le certain pour l'incertain ! » Et puis « les remèdes réparent bientôt les forces. » — Voici pourtant des idées qui demanderaient réflexion. De grandes

souffrances suivent le plaisir d'un moment, il faut du temps
pour réparer ses forces, quand on peut les réparer : je ne
parle pas des angoisses de la conscience qui proteste contre
la perversité de la nature. — Le débauché n'a qu'à se
cramponner à l'une de ces idées : à moins qu'il n'ait complètement étouffé en lui tout sens moral, il est sûr de triompher, s'il le veut. Mais il faut qu'il succombe, il faut que la
passion aille jusqu'au bout et que la nature se satisfasse.
« Là-dessus vient un regard qui donne d'autres pensées, la
crainte et la raison se cachent, le charme présent les dissipe,
et la volonté dominante se consomme dans le plaisir. »
Ce regard est une nouvelle blessure, mais elle n'est pas
mortelle. La volonté est fortement ébranlée, mais elle n'a
pas encore donné son consentement; elle peut encore, après
tant de pertes successives, remporter le triomphe définitif.
Avant de se consommer dans le plaisir, il faut, pour ainsi
dire, qu'elle s'abandonne elle-même et rende les armes.

Cette peinture de la passion, si élégante et délicate qu'elle
soit, ne sera donc jamais un argument en faveur du fatalisme. On pourrait, en renversant les faits, refaire le tableau
et arriver à une conclusion tout opposée, ou plus simplement,
comme nous avons essayé de le faire, interpréter les faits
dans un sens favorable à la liberté et les rapporter à la volonté, leur véritable cause. Car, en adoptant sans y rien
changer les données de notre auteur, que prouve cette série
de défaillances? Ce sont des faits qui se succèdent, et rien de

plus. Où voyons-nous le phénomène qui précède engendrer celui qui le suit? Il en est l'occasion, l'origine même, si par là on entend une certaine préparation, un certain principe initial, mais non la cause et le vrai principe. Il faut aller plus avant et pénétrer dans le monde intérieur pour saisir la cause des phénomènes qui se passent sous nos yeux. Ces défaites auraient pu être des triomphes, la conscience l'atteste et l'expérience le confirme. Nous avons tous senti en nous ce pouvoir étrange de faire le bien ou le mal, à notre gré; tous les jours nous voyons des hommes pratiquer la vertu en dépit des inclinations contraires. Prétendre que la volonté ne peut réagir sur la pensée et le sentiment, et faire prévaloir l'un ou l'autre à son gré, c'est contredire l'expérience et détruire la liberté. N'en déplaise à Vauvenargues, il y a en nous un tiers auquel il appartient de décider, un autre tribunal, un tribunal en dernier ressort qui peut infirmer les arrêts et les résolutions du premier.

Les passions et la raison dominent tour à tour dans notre âme, selon le degré de notre énergie, selon le choix et la direction de notre volonté. Nos principes, nos mœurs, notre tempérament, nos habitudes, nos pensées, les objets placés sous nos yeux sont autant de mobiles qui sollicitent notre activité volontaire et nous arrachent à notre inertie, mais non la cause déterminante et le principe producteur de nos actes. La volonté est mise en demeure de se prononcer, d'opter entre le bien et le mal, de réagir contre la passion, sous peine d'être entraînée par le torrent qui se répand dans l'âme ; mais elle n'est pas submergée à son insu, ou si les flots la surprennent, elle peut toujours échapper au naufrage en luttant avec énergie. Elle est en danger de succomber, c'est pourquoi Jésus-Christ, qui connaissait notre faiblesse, nous engage à prévenir la tentation : « Veillez et priez, dit-il, de peur que vous entriez en tentation. »

Mais bien loin de regarder la tentation comme une nécessité de faire le mal, il proclame heureux ceux qui souffrent persécution pour la justice et pratiquent la vertu au milieu des tribulations et des épreuves de tout genre. « Leur récompense sera grande dans les cieux. » Réjouissez-vous, dit saint Pierre, de prendre part aux souffrances du Christ, *communicantes Christi passionibus gaudete...* La tentation n'est donc pas un mal, c'est un danger redoutable pour les âmes faibles, une épreuve glorieuse pour les âmes patientes et courageuses.

Les hommes auraient tort de prendre leur mobilité pour une totale indépendance, mais il serait encore plus déraisonnable de voir, dans ce pouvoir d'être mus indifféremment vers toute sorte d'objets, une preuve de leur dépendance et de leur servitude morale. Le cœur de l'homme est maniable en tous sens et sensible à tous les souffles, mais il appartient à la volonté libre de tenir le gouvernail et de commander aux flots. L'indépendance de l'homme n'est pas absolue, puisqu'il est obligé de compter avec la passion et d'entrer en lutte avec les impressions qui lui viennent soit du dehors, soit des régions inférieures de l'âme; mais il est libre, il a le pouvoir d'échapper à l'ennemi, sinon toujours de lui résister en face et de l'exterminer.

D'abord, la volonté oppose toute la vigueur de son élan aux assauts de la passion; puis au moyen de l'attention, elle agit sur la pensée. Elle peut contrarier. celle-ci de mille manières : la modifier, l'affaiblir, la porter vers un autre objet, et par là étouffer le mal à son origine et dans son germe.

Comme la liberté n'existe pas, à vrai dire, pour Vauvenargues, c'est Dieu qui fait tout dans l'homme, même le mal. « Leurs désirs orgueilleux, dit-il en parlant des hommes, dépendent de leurs pensées, et leurs pensées de Dieu seul. » Cette dépendance est absolue : non seulement nos désirs tirent leur origine de nos pensées, mais ils n'en sont que la reproduction dans la partie affective de l'âme.

Le désir c'est la pensée active, prenant vie et mouvement pour tendre vers son but; c'est la fatalité du sentiment ajoutée à la nécessité de la pensée. Entre le désir et la pensée il n'y pas de place pour la liberté; elle est aussi étrangère à l'impulsion du désir qu'à la manifestation de l'évidence : tout se tient, tout s'enchaîne, il n'y a qu'une seule cause, un seul principe actif, en dehors duquel il n'y a que mécanisme, engrenage, fatalité sous toutes les formes. Telle sont les lois de notre être. « C'est dans la puissance de nous mouvoir de nous-mêmes, selon ces lois, que consiste la liberté ; cependant ces lois dépendent des lois de la création, car elles sont éternelles, et Dieu seul peut les changer par les effets de sa grâce. » Nous sommes libres au même titre que l'automate qui fonctionne régulièrement, si rien n'empêche la liberté de ses mouvements, au même titre que la pierre qui, détachée de la montagne, tombe de son propre poids dans la vallée, si rien ne l'arrête dans sa chute. On aurait tort après cela de crier au fatalisme ; ne dit-on pas le libre jeu d'un mécanisme ? Pourquoi ne dirait-on pas la libre activité de l'homme, lorsque les objets extérieurs ne nous meuvent point malgré nous ? N'a-t-il pas, outre le mouvement d'une machine, la connaissance de son activité, outre la vie de la plante, la conscience d'un être intelligent ? D'ailleurs, s'il vous· répugne d'appeler libres les impulsions venues du dehors, « vous pouvez, si vous le voulez, user d'une distinction, n'appeler point liberté les mouvements des passions nés d'une action étrangère, quoiqu'elle soit invisible ; vous ne donnerez ce nom qu'aux seules dispositions qui soumettent nos démarches aux règles de la raison : toutefois ne sortez point d'un principe irréfutable, reconnaissez toujours que la raison même, la sagesse et la vertu ne sont que des dépendances du principe de notre être ou des impulsions nouvelles de Dieu, qui donne la vie et le mouvement à tout. »

Il suffit de se consulter soi-même pour voir la fausseté de ces étranges affirmations. Tout le monde comprend ces expressions, contenir sa colère, son indignation ; comprimer sa douleur, ses larmes ; commander à ses désirs, à ses caprices ; dominer son humeur, sa passion ; toutes choses incompréhensibles, si nous n'avions pas saisi en nous-mêmes la réalité de ces phénomènes, si nous n'avions pas senti le pouvoir de la volonté maîtresse sur la partie affective et inférieure de l'âme. La liberté a autant de prise sur le désir que sur la pensée, sur le cœur que sur l'intelligence. Nous ne disons pas que la volonté puisse toujours empêcher la passion de se produire, mais elle peut l'affaiblir et l'arrêter dans son développement. La passion est un fait : nous ne pouvons pas, une fois qu'elle s'est produite, faire qu'elle n'existe pas, mais nous aurions pu l'étouffer à son origine, en empêcher l'explosion, ou, si nous avons été surpris, nous pouvons, après un premier ébranlement, reprendre le dessus et maîtriser notre émotion. Il en est de même pour l'idée. Quand elle apparaît dans l'âme, nous ne pouvons pas ne pas la voir, mais nous aurions pu porter nos regards ailleurs, ou du moins si l'idée s'est manifestée spontanément, nous pouvons nous en détourner et fixer notre attention sur d'autres objets. Nous ne sommes pas maîtres de nos premiers mouvements d'intelligence et de volonté ; la liberté n'intervient que dans les actes réfléchis, mais ici elle est sur son terrain, elle a le devoir de commander en maîtresse.

Nous venons tous au monde avec des inclinations mauvaises et des aspirations vers le bien. Que nous le voulions ou non, la lutte s'engage de bonne heure dans notre conscience, et c'est la liberté qui décide de la victoire. Douée de ce merveilleux attribut, l'âme se façonne elle-même, se corrige ou se déprave. Quand elle a atteint son développement, elle est, dans une certaine mesure, responsable de ses désirs et de ses affections, de ses sympathies et de ses antipathies. Pour juger un acte, il faut remonter aux antécédents et chercher dans le passé les différentes causes qui ont contribué à le produire. Tout acte volontaire et libre laisse de lui-même quelque trace dans l'âme et nous prédispose à agir de telle ou telle manière. C'est ce qui fait que nous pouvons avoir une certaine manière de penser et de sentir à nous, que nous avons un caractère à nous, une empreinte personnelle qui se trouve dans tout ce que nous pensons et dans tout ce que nous faisons. Notre volonté arrive en présence d'un acte à accomplir forte de toutes ses bonnes actions, faible de toutes ses mauvaises tendances. C'est donc en général une fort mauvaise excuse de dire : « je suis fait comme cela, l'amour ne se commande pas, » et de rejeter sur la faiblesse de la nature les fautes dont nous sommes personnellement coupables.

Ces prétendues lois de notre être, tant prônées par Vauvenargues, ne sont point des lois éternelles et immuables : ce sont ou des inclinations naturelles, ou des habitudes acquises, qu'il faut bien se garder de confondre avec les lois de la création. Dieu seul peut déroger à ces dernières : nous pouvons par nos propres efforts contrarier nos mauvais penchants et corriger nos habitudes coupables. Si le secours de la grâce est nécessaire pour rétablir en nous le règne de la justice originelle, ce n'est pas que la liberté nous fasse défaut, mais notre âme affaiblie par le péché a besoin d'un secours surnaturel pour accomplir tout le bien qu'elle a voulu. Ce n'est pas tant la liberté, la faculté de choisir qui nous manque, que le pouvoir d'exécuter nos résolutions, que la force de réaliser ce que nous avons choisi.

Il importe de ne pas altérer la vérité sur un point si délicat. Supprimer la liberté, c'est non seulement méconnaître la nature de l'homme, mais porter atteinte à la majesté divine et fouler aux pieds la raison universelle. En effet, si tout dans l'homme dépend des lois de la création, si la liberté n'est autre chose que le mécanisme fatal des différentes forces qui constituent notre être, il faut, ou bien nier l'ordre moral, ce qui est absurde et contraire au sens commun, ou déclarer que Dieu est l'auteur du mal, ce qui est impie et blasphématoire.

Vauvenargues termine en rassemblant les différentes affirmations qu'il a émises dans le cours de son *Traité*. Ce résumé est très fidèle et très net; l'erreur y est palpable, « ce qui est nécessaire est libre, » révoltante même, lorsque le philosophe fait appel à la profondeur des conseils divins pour couvrir la faiblesse et l'extravagance de son système. « Adorons la hauteur de Dieu, qui règne dans tous les esprits, comme il règne sur tous les corps ; déchirons le voile funeste qui cache à nos faibles regards la chaîne éternelle du monde et la gloire du Créateur ! Quel spectacle admirable que ce concert éternel de tant d'ouvrages immenses et tous assujettis à des lois immuables !... Ainsi, les objets extérieurs forment des idées dans l'esprit, ces idées des sentiments, ces sentiments des volontés, ces volontés des actions en nous et hors de nous. Une dépendance si noble dans toutes les parties de ce vaste univers doit conduire nos réflexions à l'unité de son principe ; cette subordination fait la solide grandeur des êtres subordonnés. L'excellence de l'homme est dans sa dépendance... »

CHAPITRE V.

Déterminisme théologique ou janséniste.
Prédestinationisme.

Vauvenargues éprouvait le besoin de protéger son système et de le mettre à l'abri des atteintes de la raison. Il ne
l'avait établi que sur des maximes équivoques et des asser-
tions contradictoires : pour être conséquent avec lui-même,
il devait l'étayer sur un fondement non moins ruineux. Son
déterminisme naturel devait s'autoriser du fatalisme janséniste. Se trouvant sur un terrain glissant, il lui importait
de ne pas se laisser approcher et de se réfugier dans un lieu
inaccessible. Il va demander du secours à la Révélation et
entre ainsi de plain-pied dans le domaine de la théologie (1).
Mais l'Église n'a jamais servi de réceptacle aux fausses doc-

(1) Nous n'avons pas craint de l'y suivre. L'étude de la doctrine catholique s'impose à tout esprit impartial. Si les principes sur lesquels elle
repose sont mystérieux et incompréhensibles, les conséquences qui en
découlent sont accessibles à la raison, et réunies constituent le faisceau
des vérités les plus nobles et les plus élevées que l'homme puisse acquérir.
Ceux-là, dit Pascal, honorent bien la nature, qui lui apprennent qu'elle
peut parler de tout et même de théologie.

trines, ni donné asile aux adversaires de la raison. C'est en vain qu'ils essayent de s'autoriser d'un zèle aveugle ou hypocrite en faveur de la religion, et qu'ils affectent d'en prendre la défense : l'Église a toujours repoussé ces dangereux défenseurs, ces prédicateurs sans mandat qui, en attaquant la raison, compromettent la foi. De nos jours encore, elle a témoigné, à différentes reprises, par la parole de son chef suprême, et dernièrement par les déclarations des évêques assemblés en concile, avec quel souci elle veillait au maintien des droits de la raison et à la conservation des saines doctrines. La raison n'est pas trompeuse, la liberté n'est pas une illusion : tout n'est pas erreur, tout n'est pas corruption dans les auteurs profanes, et la philosophie ancienne, dans ce qu'elle a de plus pur, est la préface humaine de l'Évangile. C'est donc un mauvais procédé que de chercher dans la vérité révélée la confirmation d'une doctrine erronée. C'est la méthode inverse qui est la bonne, se servir des lumières de la raison pour étudier et interpréter les vérités surnaturelles, et non se prévaloir des mystères de la religion et les dénaturer pour accabler la raison. Vauvenargues a donc eu tort de chercher un refuge aux pieds des autels et de mettre ses erreurs à l'ombre des mystères et des obscurités du dogme révélé. Au lieu de confirmer son système, qui est insoutenable, il altère la vérité religieuse et enveloppe la raison et la foi dans une même condamnation.

I.

Déjà à la fin de son *Traité* il avait fait appel à l'autorité de l'Écriture et essayé de donner le change en attirant l'attention sur la profondeur et les abîmes de la sagesse éternelle. Ce n'était pas assez. Dans un appendice qui fait suite à son *Traité*, il prévient les objections et répond aux conséquences de la nécessité.

« Je ne détruis en aucune manière la nécessité des bonnes œuvres en établissant la nécessité de nos actions. Il est vrai que l'on peut inférer de mes principes que ces mêmes œuvres sont en nous des grâces de Dieu ; qu'elles ne reçoivent leur prix que de la mort du Sauveur, et que Dieu couronne dans les justes ses propres bienfaits ; mais cette conséquence est conforme à la Foi, et si conforme, qu'une autre doctrine lui serait tout à fait contraire et ne pourrait pas s'expliquer. »

Il y a ici une grave confusion. Si l'Église nous enseigne que nous ne pouvons rien dans l'ordre du salut sans la grâce de Dieu, elle ne nie pas pour cela notre libre arbitre ; elle affirme seulement notre impuissance et déclare que les faibles efforts de notre nature déchue ne peuvent atteindre un but surnaturel. Bien loin de nier la liberté, elle l'affirme et l'encourage en exhortant les hommes à se préparer par la vertu à la réception de la grâce divine. Bien plus, lorsque la grâce se répand dans l'âme, elle n'est pas nécessitante : c'est nous qui la faisons fructifier ou la rendons inutile par notre fidélité ou notre négligence à y correspondre, de telle sorte que nous méritons en quelque manière, *de congruo,* la couronne de gloire que Dieu réserve à ses élus. Rien de plus convenable que de nous approprier, autant qu'il est en nous, par nos mérites et nos bonnes œuvres, les grâces et les mérites que le Sauveur nous a légués en mourant sur le Calvaire : rien de plus conforme à la sagesse divine que l'obligation imposée à l'homme de s'initier par la grâce aux splendeurs de la gloire et de commencer ici-bas la vie qu'il doit continuer au ciel. En nous appelant à une fin surnaturelle, Dieu ne laisse pas de respecter notre liberté. Lorsqu'il créa l'homme, il lui communiqua quelque chose de l'être par soi et le fit arbitre de ses destinées. Dieu ne reprend pas ses dons, et dans la nouvelle faveur qu'il nous prépare, il saura bien sauvegarder notre autonomie. Il pouvait nous sauver sans nous, comme il nous a créés sans nous, nous rendre impeccables et produire de lui-même tout bien en nous. Il ne l'a pas voulu, il nous a fait l'honneur d'être des causes, non qu'il y eût en lui défaut de puissance, mais il a préféré nous faire participer en quelque sorte à la dignité de créateur et rendre nôtres, autant que possible, les richesses de sa propre nature.

Aussi, lorsque la foi nous enseigne que les bonnes œuvres sont nécessaires au salut, faut-il prendre garde à la signification de ce précepte qui nous impose l'obligation de faire le bien et ne pas la dénaturer, comme l'a fait Vauvenargues, en donnant à entendre que la grâce produit nécessairement les bonnes œuvres. Si, comme le déclare le Concile de Trente, « nos bonnes œuvres ne peuvent être méritoires sans la vertu du Christ qui les précède, les accompagne et les suit, » il n'est pas moins certain que la liberté est essentielle aux bonnes œuvres, car où il n'y a pas de liberté il ne peut y avoir de mérite : *Ubi non est libertas, nec meritum* (1).

Enhardi par ce premier succès, Vauvenargues ne recule plus devant les horribles conséquences de son système, il s'enfonce de plus en plus dans l'erreur et croit tout sauvegarder en jouant sur les mots.

Le mal moral n'existe plus, le vice n'est qu'une imperfection de la nature. La perversion de l'esprit, la dépravation du cœur sont choses mauvaises, il est vrai, mais au même titre que les maladies, les pestes, les inondations. Si Dieu a mis dans nos esprits le principe de nos erreurs et dans nos cœurs le principe de nos vices, pourquoi répugnerait-il de le faire auteur de toutes nos fautes et de toutes nos actions? C'est en vain que l'on nous accuserait d'avoir fait un mauvais usage de notre volonté. Avez-vous donc oublié l'imperfection inhérente à toute créature, notre volonté n'est-elle pas cor-

____

(1) S. August., *de Gratia et libero Arbitrio.*

rompue par ces mauvais principes que Dieu nous a donnés avec la vie? « Nos actions ne tirent leur être, leur mérite ou leur démérite, que du principe qui les a produites; or, si nous reconnaissons que Dieu a fait le principe qui est mauvais, pourquoi refuser de croire qu'il est l'auteur des actions qui n'en sont que les effets? N'y a-t-il pas contradiction dans ce bizarre refus? Il ne sert de rien de répondre que Dieu met en nous la raison pour contenir ce principe vicieux, et que nous nous perdons par le mauvais usage que nous faisons de notre volonté. Notre volonté n'est corrompue que par ce mauvais principe, et ce mauvais principe vient de Dieu, car il est manifeste que le Créateur a donné aux créatures leur degré d'imperfection. Il n'eût pu les former parfaites, vu qu'il ne peut y avoir qu'un seul être parfait; ainsi elles sont imparfaites, et comme imparfaites, vicieuses; car le vice n'est autre chose qu'une sorte d'imperfection; mais de ce que la créature est imparfaite, doit-on tirer que Dieu l'est? Et de ce que la créature imparfaite est vicieuse, peut-on conclure que le Créateur est vicieux? »

Exposer ces monstrueuses aberrations c'est les réfuter. L'erreur est tellement grossière et manifeste qu'il serait inconvenant de s'attarder à la combattre. Il n'est pas possible d'outrager la raison et le sens moral avec plus d'audace, et jamais on a abusé des mots pour aboutir à une conclusion plus odieuse et plus révoltante. Un système est condamné quand il est obligé de recourir à de pareils arguments. C'est, comme l'appellent les logiciens, une démonstration *per absurdum,* une revanche de la vérité qui condamne à la déraison ceux qui veulent l'opprimer. Voilà bien en effet les conséquences obligées du déterminisme. La liberté étant supprimée et la volonté rendue impuissante, il n'y a plus de mal moral, ou, si l'on ne peut étouffer cette notion dans la conscience des hommes, Dieu est l'auteur du mal. Il n'y a plus qu'un pas à faire et nous aurons cette fameuse formule qui de nos jours a trouvé son expression : *Dieu, c'est le mal.*

Notre moraliste ne s'arrête pas en si belle voie. Non seulement nous ne savons pas apprécier nos actes, mais nous n'entendons rien à la justice divine. Elle n'est point semblable à la nôtre, ni dépendante de nos faibles préjugés ; elle est au-dessus de notre raison et de notre esprit. Dieu est le maître ; il peut à son gré disposer de ses créatures ou pour un supplice éternel, ou pour un bonheur infini. La justice humaine n'est point essentielle au Créateur, l'auteur de cette loi ne dépend que de lui seul. « Au moins serait-il injuste, direz-vous, de punir dans les créatures une imperfection nécessaire? — Oui, selon l'idée que vous avez de la justice ; mais ne répugne-t-il pas à cette même idée que Dieu punisse le péché d'Adam jusque dans sa postérité, et qu'il impute aux idolâtres l'infraction de lois qu'ils ignorent? Que répondez-vous cependant lorsqu'on vous objecte cela? Vous dites que la justice de Dieu n'est point semblable à la nôtre. Eh! qui m'empêche de répondre la même chose? Il n'y a pas de suite dans votre créance, ou du moins dans vos discours... »

N'est-ce pas un jeu de la raison en délire que cet amas de raisonnements contradictoires? Ou plutôt, comme l'a pensé un éminent publiciste (1), ces objections ne sont-elles point l'expression d'une arrière-pensée sceptique et railleuse? Ne dirait-on pas que dans ce passage Vauvenargues cherche moins à soutenir son système qu'à tourner en ridicule les mystères de la religion? Si mes propositions vous paraissent étranges, le dogme chrétien ne renferme-t-il pas des vérités incompréhensibles? Y a-t-il plus d'injustice à punir dans les hommes une imperfection nécessaire qu'à punir le péché d'Adam dans sa postérité? Outre qu'il est peu philosophique de trancher une difficulté par une autre du même genre, il est souverainement inique de déverser sur la religion l'odieux d'un système qu'on n'a pas la force de soutenir.

La foi, la vérité révélée ne pouvant manquer d'être conforme à la raison, on ne peut la mettre au service de l'erreur qu'en la dénaturant. C'est ce qui est arrivé à Vauvenargues. En effet, il n'y a pas de parité entre les suites du péché originel et les monstrueuses conséquences de son fatalisme. Si Dieu poursuit dans ses descendants la faute de notre premier père, est-ce à dire qu'il nous impute, à chacun de nous per-

____

(1) M. Baudrillart, *Études de philosophie morale et d'économie politique.*

sonnellement, l'infraction d'une loi que nous n'avons pas connue? Évidemment non. Adam n'a pas répondu aux desseins que Dieu avait sur lui et sur sa postérité : il devait nous transmettre avec la vie les dons de sagesse et d'intégrité, mais voilà qu'avant de nous avoir passé le flambeau de la vie, il perd l'amitié de Dieu et avec elle ses dons les plus parfaits. Est-il étonnant après cela qu'il n'ait pas transmis à ses descendants des biens qu'il ne possédait plus? Le péché originel chez les enfants d'Adam n'est pas autre chose que cette privation de bienfaits surnaturels que Dieu leur avait primitivement destinés. Ils ne sont pas personnellement coupables, aussi Dieu ne leur impute-t-il pas le péché de leur premier père; mais, pour le punir, il le dépouille et en lui sa postérité des privilèges extraordinaires qu'il avait ajoutés à sa nature. L'homme, après sa déchéance, reste seul avec ses facultés naturelles, incapable d'expier sa faute et de rentrer dans l'ordre surnaturel, mais doué d'intelligence pour connaître le vrai et de volonté pour s'attacher au bien. Or, quelle injustice Dieu nous fait-il lorsque, pour punir notre premier père, il nous enlève des biens qu'il aurait pu ne pas nous destiner ou nous retirer sans prétexte, puisqu'ils étaient gratuits et au-dessus des exigences de la nature?

Cependant Dieu n'a pas coutume de mesurer ses dons avec tant de parcimonie, et, bien que rigoureusement, il eût pu nous créer tels que nous naissons maintenant, il est visible que le péché a mis des entraves à sa munificence.

La nature n'a pas été détruite, mais elle a été blessée ; la raison n'est pas éteinte, mais elle a de la peine à découvrir la vérité ; la volonté n'a pas été brisée, mais elle est fortement inclinée au mal ; enfin, si l'âme n'est pas esclave, elle n'exerce plus sur le corps l'empire qui convient à son excellence. Comme on le voit, cette notion du péché originel, bien loin de porter atteinte à la justice divine, explique à merveille l'énigme de la vie humaine et l'étrange situation qui nous a été faite. Pascal a marqué cette vérité de sa vigoureuse empreinte : « Le nœud de notre condition prend ses replis et ses tours dans cet abîme, de sorte que l'homme est plus inconcevable sans ce mystère que ce mystère n'est inconcevable à l'homme (1). »

C'est à ce dogme si lumineux, malgré son incompréhensibilité, que Vauvenargues voudrait assimiler son système. Mais il a pris l'apparence pour la réalité, et confondu les mots au lieu de discerner les choses. Parce que les théologiens donnent le nom de châtiment, de punition, de peine aux suites du péché originel, il s'est cru autorisé à soutenir que Dieu pouvait punir les imperfections nécessaires de l'homme. Il n'a pas pris garde que les conséquences du péché originel n'étaient un châtiment que relativement à Adam puni dans sa postérité, et qu'elles n'étaient pour ses descendants qu'une simple privation des bienfaits surnaturels.

---

(1) *Pensées de Pascal*, édition Havet, t. I, p. 115.

Lorsque les théologiens nous enseignent que l'enfant qui meurt avant d'avoir reçu le baptême est à jamais damné, il importe de ne pas donner au mot *damnation* une signification trop étendue. Il n'a pas été initié sur la terre à la vie surnaturelle, il n'en recevra pas le développement dans la gloire. Il n'est pas entré dans la voie, il n'arrivera pas au terme ; il sera à jamais privé de la vision béatifique, complément et récompense de la foi. Si les circonstances avaient été plus favorables, il aurait pu bénéficier des grâces que Dieu lui avait ménagées dans sa bonté ; mais à tout prendre, si nous devons regretter de ne pas le voir associé à la sainte milice, il n'est pas à plaindre. Il trouve dans le complet épanouissement de ses facultés naturelles un bonheur qui lui suffit. Privé d'un bien qu'il ne connaît pas, il n'éprouve aucune souffrance ; là où il n'y avait pas de désir, il n'y a pas de regret. Son intelligence se repose dans l'active contemplation de la vérité immuable, éternelle, son cœur se dilate dans les transports de la divine charité. Dieu est vraiment pour lui, quoique dans une plus faible mesure que pour le chrétien, la source d'eau vive qui jaillit pour la vie éternelle (1).

(1) Nous tenons à faire remarquer que l'Église ne s'est pas prononcée sur le sort des enfants morts sans baptême, et que sur ce point, les théologiens sont en désaccord. Les uns prétendent qu'ils souffrent pour expier la tache du péché originel, mais ils sont très embarrassés quand il s'agit d'expliquer en quoi consistent leurs souffrances. D'autres, dont l'opinion nous paraît plus probable, croient au contraire que n'étant pas personnellement coupables, ils n'ont rien à expier, et que même, dans la sphère de l'ordre naturel, Dieu est pour eux la source d'un bonheur qui ne finira point.

Pour concilier la bonté de Dieu avec la faiblesse de l'homme, on a pu dire à la légère que la justice de Dieu n'est point semblable à la nôtre. C'est qu'en effet, elle est beaucoup plus parfaite ; mais ce qui est contradictoire, c'est qu'elle soit d'une autre nature et contraire à la justice humaine, c'est qu'une chose véritablement injuste à nos yeux soit juste aux yeux de Dieu. C'est là une erreur capitale qui ne va rien moins qu'à nier toute vérité et renverser tout ordre moral. Le théologien forcé, après mainte tentative d'explication, de s'incliner devant l'incompréhensibilité du mystère peut renvoyer ses adversaires au tribunal de Dieu, et les assurer que toutes leurs difficultés ont leur solution dans la sagesse divine ; car ce qu'il défend, ce ne sont pas ses propres idées, il ne parle pas au nom de la raison humaine, mais au nom de la sagesse éternelle qui dépasse infiniment notre faible raison. Mais un philosophe qui, comme tel, ne doit rien admettre en sa créance qui ne soit évident ou appuyé sur de solides raisons, n'a pas le droit, lorsqu'il est embarrassé dans ses propres raisonnements, d'en appeler à la sagesse divine et de lui imputer ses erreurs. Personne assurément n'a le droit de porter atteinte à la raison, le théologien pas plus que le philosophe, et l'on ne saurait trop blâmer les apologistes qui ont cru expliquer le péché originel en opposant la justice humaine à la justice divine, justifier la foi en l'opposant à la raison. Mais ils étaient de bonne foi et ne prévoyaient pas les conséquences de leur interprétation. Plus clairvoyant et plus téméraire, Vauvenargues les affronte et ne craint pas d'affirmer que Dieu peut à son gré disposer de ses créatures, ou pour un supplice éternel, ou pour un bonheur infini. Comme si un Dieu bon, qui se manifeste nécessairement dans ses œuvres, pouvait, sans injustice, condamner un innocent! « Ceux à qui il est échappé de telles choses, fait justement remarquer Leibnitz, n'ont pas distingué entre la justice et l'indépendance. Dieu est indépendant à cause de son pouvoir souverain sur toute chose, qui fait qu'il ne saurait ni être contraint, ni être puni, ni être sujet à rendre raison de sa conduite ; mais à cause de sa justice, il agit de telle manière que tout être sage ne peut qu'approuver sa conduite et, ce qui est le plus haut point de perfection, qu'il en est content lui-même (1).

Et un peu plus haut : « La justice ne sera pas un attribut essentiel à Dieu, s'il a fait lui-même la justice et le droit par une volonté arbitraire. La justice suit certaines règles d'égalité et de proportion, qui ne sont pas moins fondées dans la nature immuable des choses et dans les idées de l'entendement divin que les principes de l'arithmétique et de la géométrie. On ne peut donc pas plus soutenir que la justice ou la bonté dépendent de la volonté divine, que l'on ne peut dire que la vérité en dépend aussi. » En effet, la notion de la justice est un principe de raison que l'on ne peut ébranler

____

(1) Leibnitz. *Examen des principes de Puffendorf.*

sans porter atteinte à la raison elle-même. Si la justice telle que nous l'entendons, telle que nous la révèle le sens commun, est contraire à la justice divine, tous ces principes que nous appelons nécessaires et universels, auront le même sort; ils seront l'opposé de la vérité immuable et éternelle, des formes variables et trompeuses dont nous ne saurions trop nous défier. Si Dieu fait et défait ainsi à son gré les principes dont notre raison se compose, qui donc nous assurera qu'il existe? Comment saurons-nous que ce qui commence, commence par une cause? Puisqu'il n'y a plus de principes nécessaires et absolus, il n'y a plus de certitude possible. Ainsi donc, que notre justice imparfaite soit inférieure à celle de Dieu, mais qu'elle ne lui soit pas opposée; que notre faible raison soit un pâle reflet de la lumière divine, mais qu'elle n'en soit pas une trompeuse image, ou nous tombons dans le scepticisme le plus funeste et le plus complet, scepticisme de l'intelligence, qui ne croit plus au vrai, scepticisme de la volonté, qui ne s'attache plus au bien.

On ne doit pas s'étonner de voir Vauvenargues tomber dans cet excès, quand on se rappelle sa théorie de la justice et du droit. Le bien, la justice étant ce qui est conforme à l'intérêt général, et non ce qui est conforme à la raison, on conçoit que la justice divine ne soit pas la même que la nôtre. Dieu peut avoir d'autres intérêts; le droit supprimé, c'est le règne de l'arbitraire et de la force. Il aura sans doute été

entraîné dans cette voie par Pascal, qui se moque si cruelle-
ment de la justice humaine sans toutefois nier l'existence
du droit; mais comme il arrive souvent, on a pris ses invectives pour des raisons, ses plaintes sur la faiblesse et l'ignorance de l'homme pour la négation de la justice et de la
vérité. Tout le monde connaît ces paroles imitées de Montaigne : « On ne voit presque rien de juste ou d'injuste qui
ne change de qualité en changeant de climat. Trois degrés
d'élévation du pôle renversent toute la jurisprudence. Un
méridien décide de la vérité; en peu d'années de possession,
les lois fondamentales changent, le droit a ses époques.
L'entrée de Saturne au Lion nous marque l'origine d'un tel
crime. Plaisante justice qu'une rivière borne! Vérité en
deçà des Pyrénées, erreur au delà (1). »

Combien les sages de l'antiquité lui sont supérieurs
lorsqu'ils affirment que la justice est contemporaine de la
divinité, éternelle, immuable comme Dieu lui-même! « Cette
loi non écrite n'est pas d'aujourd'hui, ni d'hier, elle est
de toute éternité, et l'on ne sait depuis quand elle a
paru (2). »

Cicéron, dans son *Traité des lois,* a magnifiquement
exposé l'origine de cette loi innée, la même dans l'intelligence divine et dans la conscience de l'homme, de cette loi

(1) Pascal, t. I, p. 39.
(2) Sophocle, *Antigone,* vers 456.

éternelle qui établit entre l'homme et la divinité une céleste parenté, *homini cum deo rationis societas*. L'homme est uni à Dieu par la raison ; or, la droite raison, c'est la loi, la justice. La justice de Dieu ne diffère donc pas de la nôtre, nous sommes concitoyens de la divinité, *ejusdem civitatis* (1).

Veut-on savoir en quoi consiste cette loi suprême et où elle réside ? Cicéron nous répond par la bouche de tous les sages. « Je vois les sages concourir à cet avis que la loi n'est point une invention de l'esprit humain, ni un décret particulier à un peuple quelconque, mais quelque chose d'éternel qui gouverne l'univers en lui montrant dans sa sagesse ce qu'il doit faire ou éviter. Selon eux, cette loi, la première des lois et la dernière, c'est l'esprit de Dieu même, dont la souveraine vertu commande ou défend. *Ita principem legem illam et ultimam, mentem esse dicebant, omnia ratione aut cogentis aut vetantis Dei* (2). »

Cependant, après avoir détruit la notion de la justice, Vauvenargues se croit obligé d'en garder le nom. Dieu est donc juste, puisqu'il l'a dit, mais dans un sens. Sa justice n'est pas ce qu'un vain peuple pense. Il donne une règle aux hommes et les juge exactement d'après cette règle. Tous les hommes sont égaux devant cette loi, mais la loi de Dieu n'est pas sa volonté. Il veut sauver les uns et leur donner les secours dont ils ont besoin pour pratiquer sa loi :

(1) Cicéron, *de Legibus*, liv. I, ch. VII.

(2) Cicéron, *de Legibus*. liv. II, ch. IV.

quant aux autres, il les abandonne et les condamne d'après cette loi qu'ils ne pouvaient accomplir. « Sa loi n'est point sa volonté ; il nous a donné cette loi pour qu'elle jugeât nos actions ; mais comme il ne veut pas nous rendre tous heureux, il ne veut pas non plus que tous suivent sa loi. » Nous voilà en plein jansénisme, c'est de la déraison sous le couvert de la foi, mais allons plus avant.

« Dieu pourrait sauver tous les hommes, puisqu'il est tout-puissant ; mais puisqu'il le pourrait et qu'il ne le fait pas, il faut conclure qu'il ne le veut pas et qu'il a raison de ne le pas vouloir. » Vauvenargues, si respectueux pour l'Écriture, lorsqu'il croit pouvoir l'accommoder à son fatalisme, ne craint pas de la contredire formellement lorsqu'il désespère de la tourner à son avantage. La vérité lui est moins chère que son système ; obligé d'opter entre la justice de Dieu et la liberté de l'homme, il ne craindra pas de se mettre en contradiction avec la raison et avec la foi : avec la raison qui ne peut admettre d'injustice en Dieu, avec la foi qui enseigne que Dieu veut le salut de tous les hommes. Et, comme de fait un grand nombre se perdent, il faut ou que Dieu les condamne lui-même à périr, ou que l'homme aille lui-même au-devant de sa perte. La première hypothèse est impie et blasphématoire, la seconde est juste et raisonnable, en parfaite conformité avec la raison et avec la foi ; mais l'adopter c'est reconnaître la liberté de l'homme, et la thèse de Vauvenargues est renversée.

Dieu se doit à lui-même, à sa sagesse et à sa bonté, de donner à ses créatures le moyen d'atteindre leur fin : mais tout ce qui dépasse l'ordre naturel est absolument gratuit, un bienfait de pure libéralité. Le salut, en langage théologique, étant une fin surnaturelle, la vue de Dieu intuitive, Dieu ne cesserait pas d'être bon s'il ne voulait pas que tous les hommes fussent sauvés. Mais nous savons, d'après son propre témoignage, que sa miséricorde est infinie et qu'il veut le salut de tous les hommes : *omnes homines vult salvos fieri* (*I Tim.*, chap. ii, 4). Cette vérité est formellement exprimée et à plusieurs reprises dans l'Écriture. C'est à nous d'interpréter cette volonté et de la concilier, comme nous le pourrons, avec les faits ; mais éluder la question n'est pas la résoudre, et pour simplifier le problème nous n'avons pas le droit d'en éliminer un des termes. Dieu veut que tous les hommes soient sauvés : voilà une vérité incontestable, que nous tenons de Dieu même, et cependant beaucoup d'hommes, il y a toute apparence du moins, ne sont pas sauvés. Il y en a tant à qui l'Évangile n'a jamais été annoncé, et, parmi les chrétiens, il y en a si peu dont la vie soit conforme à leurs croyances ! D'ailleurs nous avons le témoignage de Jésus-Christ lui-même, qui nous déclare, dans son Évangile, qu'il y a beaucoup d'appelés, mais peu d'élus : *multi vocati, pauci vero electi* (*S. Matth.*, chap. xxii, 14), *pauci inveniunt vitam* (*ibid.*, chap. vii, 14). Il n'y a pas à tergiverser, et bien que la chose nous paraisse étrange, nous sommes obligés de reconnaître que Dieu veut le salut de tous les hommes, et que cependant tous ne seront pas sauvés. On peut supprimer la difficulté, en niant l'une de ces deux vérités, comme l'a fait Vauvenargues, mais il est impossible de la résoudre pour quiconque ne croit pas à la liberté humaine. Dans ses relations avec le monde, Dieu respecte la nature des êtres qu'il a créés; son concours se conforme à leurs facultés et à leurs aptitudes, et se prête à leurs besoins. En d'autres termes, il y a analogie entre l'action de Dieu et le terme de son action, il traite en hommes libres les hommes doués de liberté, en brutes les êtres dénués de raison : aux uns il donne la volonté, ou pouvoir de se diriger et de se déterminer eux-mêmes, aux autres l'instinct, force aveugle qui les entraîne et les pousse fatalement à leur but.

Dieu, pour ce qui le regarde, est prêt à donner sa grâce, car il veut que tous les hommes soient sauvés; mais cette grâce, il ne nous la donnera pas malgré nous, il faut que nous la lui demandions par une vie sainte et conforme à la raison. Ce sont nos fautes qui font obstacle à la réception de la grâce, ou à son efficacité, lorsque l'ayant reçue nous n'avons pas soin d'y correspondre et d'achever en nous-mêmes ce qu'elle a commencé sans nous. Pour que notre bonheur eût plus de prix à nos yeux, Dieu a voulu qu'il fût la récompense de nos efforts; pour rehausser notre dignité, il a voulu que nous fussions ses coopérateurs dans l'œuvre de notre sanctification qu'il pouvait opérer seul. S'il avait voulu nous sauver sans notre concours comme il nous a créés sans nous, notre bonheur ne serait pas exposé à l'inconstance de nos résolutions, mais il serait moins noble et moins grand ; nous n'apprécions véritablement que ce qui nous a coûté quelques efforts, et a reçu en quelque sorte par le travail et le déploiement de notre énergie l'empreinte de notre personnalité.

Quoi qu'il en soit, Dieu a réglé qu'il en fût autrement, et il est fidèle à ce qu'il a une fois voulu. Sa volonté n'est pas comme celle des hommes, inconstante et passagère ; elle est immuable et éternelle. Ayant créé l'homme libre, il respectera en lui ce merveilleux attribut qui le rapproche de l'être par soi, et jusque dans ses plus grands bienfaits il se gardera de lui faire violence. Plutôt que de porter atteinte à sa liberté, il permettra le mal moral et subordonnera sa volonté à celle de l'homme. Le mal moral, suivant la profonde remarque de Leibnitz, est alors considéré comme une suite certaine d'un devoir indispensable, de telle sorte que, si Dieu ne permettait pas le péché de l'homme, il manquerait à ce qu'il doit à sa liberté, « comme si un officier qui doit garder un poste important le quittait, surtout dans un temps de danger, pour empêcher une querelle dans la ville, entre deux soldats de la garnison prêts à s'entre-tuer (1). »

(1) Leibnitz, *Théodicée.*

Mais Vauvenargues, qui ne croit pas à la vertu du libre arbitre, ne peut comprendre que Dieu qui peut tout ne sauve pas tous les hommes, puisqu'il veut qu'ils soient tous sauvés. « Ainsi Dieu veut une chose qu'il sait qui n'arrivera pas et qu'il pourrait faire arriver ! Quelle étrange contradiction ! Si un homme, sachant que je veux me noyer, et pouvant m'en empêcher sans qu'il en coûte rien, et m'ôter même cette funeste volonté, me laissait cependant mourir et suivre ma résolution, dirait-on qu'il veut me sauver, tandis qu'il me laisse périr ? »

Il n'y a pas de parité entre cet exemple allégué par Vauvenargues et la conduite de Dieu à l'égard du pécheur. Si, sans qu'il m'en coûte, je puis empêcher un homme de se noyer, et que je ne l'en empêche pas, on ne pourra pas dire que j'ai voulu le sauver. C'était tout au plus une velléité. Mais Dieu n'agit point ainsi lorsqu'il laisse un homme se damner. Il veut le salut de cet homme, il l'aide par sa grâce à proportion de ce qu'il lui commande, en sorte que le commandement n'est pas fait sans justice à sa volonté : lorsqu'il le laisse tomber volontairement dans certaines fautes, il ne veut point sa mort, mais qu'il se convertisse et qu'il vive. Dieu, en permettant sa chute pour l'humilier, ne fait que l'aider moins, dit saint Augustin : *Scio ad correptionem meam pertinere quod minus abs te adjuvor* (1).

____

(1) S. August., *Peco. mer.*, lib. II, cap. XVII, 26.

Pour rendre cette vérité plus sensible, reprenons l'exemple choisi par Vauvenargues. Je suis dévoué à cet homme qui veut se noyer, je lui fais voir la folie de son dessein, je lui témoigne la plus tendre sympathie et mets tout en œuvre pour le réconcilier avec la vie; mais voilà que, profitant de mon absence, il s'en va, en dépit de mes conseils et de mon affection, se précipiter dans la rivière. Il se noie, mais j'ai fait tout ce qui dépendait de moi pour le sauver. Telle est la conduite de Dieu à l'égard du pécheur. Il lui inspire l'horreur du mal et lui donne un secours suffisant pour faire le bien ; il parle à sa conscience et à son cœur par la voix de la raison et le souvenir de ses bienfaits. L'homme n'échappe pas à la présence de Dieu, qui remplit tout de sa puissance; mais préférant le facile plaisir de la passion à l'austère joie du sacrifice et de la vertu, il outrage le Tout-Puissant qui lui a laissé la liberté de faire le mal et meurt loin de Dieu. Cependant Dieu voulait le sauver; il avait fait tout ce qui dépendait de lui, tout ce qui n'allait pas contre la loi qu'il s'est imposée en créant l'homme libre; mais cet homme n'a pas voulu, il a rendu inutiles les grâces que Jésus-Christ lui avait méritées, il subira pendant toute l'éternité les terribles vengeances de l'amour méconnu.

Non seulement Dieu abandonne des individus, mais des nations entières à leur malheureux sort. « Tant de nations idolâtres que Dieu laisse dans l'erreur, ajoute Vauvenargues, et qu'il aveugle lui-même, comme dit l'Écriture, prouvent-elles, par leur misère et par leur abandonnement, que Dieu veut les sauver ? »

Fénelon a consacré deux dialogues de son *Instruction pastorale sur le jansénisme* à élucider cette question. Nous ne saurions mieux faire que de nous en inspirer et même d'en reproduire quelques passages. M. Fremont, son interlocuteur fictif, lui demandait comment les sauvages pouvaient parvenir au salût, puisqu'ils ne connaissaient pas le Sauveur qui ne leur avait pas été annoncé. Fénelon ne craint pas de répondre que la Providence ne prive de la prédication de l'Évangile que les hommes qui s'en rendent librement indignes par leurs vices, ou au moins par leur négligence à chercher la vérité. Et, pour rendre sa réponse plus piquante, il rappelle à son janséniste les propres expressions de M. Nicole. « Dieu est prêt à leur donner (à tous les hommes) les grâces les plus efficaces. Il y a un ordre entre les grâces et les lumières de Dieu. Le bon usage d'une lumière en attire une plus grande. La coopération moins forte en mérite une plus forte, et comme cette chaîne de grâces attachées les unes aux autres et ordonnées par la volonté de Dieu se termine à la béatitude, il s'ensuit que quiconque a un anneau de cette chaîne en sa puissance, peut s'élever au ciel en la même manière qu'il peut bien user de ce premier anneau (1). »

(1) *Système*, p. 78.

M. Fremont trouvant ce discours trop vague, Fénelon lui montre la même doctrine dans saint Augustin : « *Accepit autem ut pie et diligenter quærat, si volet* (1). » Supposez l'homme le plus sauvage et le plus brutal, il faut, vous dit saint Augustin, supposer qu'il a reçu ce premier don (de reconnaître son infirmité), pour chercher avec piété, *accepit*. D'un autre côté, il recevra cela même qui lui manque, pourvu qu'il use bien de ce qu'il a reçu, *accipiet*. Voilà les deux bouts de la chaîne de M. Nicole... Voilà saint Augustin qui confirme tout ce que M. Nicole dit sur la généralité d'une première grâce, et sur l'enchaînement de toutes les autres avec celle-là. Le bon usage de la grâce de chercher pieusement répond de celle de la foi ; celle de la foi attire celle de la justice, et celle de la justice amène celle du salut. Tout homme a reçu la première grâce, *accepit*, dit saint Augustin. Voilà le premier anneau, et s'il en use bien, il recevra toutes les autres jusqu'au salut, *accipiet*. Voilà le dernier anneau de la chaîne.

On retrouve la même doctrine fortement exposée dans saint Thomas. « Puisqu'il est au pouvoir du libre arbitre d'empêcher ou de ne pas empêcher que nous recevions la grâce divine, ce n'est pas à tort que l'on regarde comme coupable celui qui met obstacle à la réception de la grâce, car Dieu, pour ce qui le regarde, est prêt à donner à tous sa

____

(1) *De libero Arbitrio*, lib. III, cap. XXIII, 65.

grâce, par la raison qu'il veut que tous les hommes soient sauvés et arrivent à la connaissance de la vérité : *Deus quantum in se est paratus est omnibus gratiam dare.* Mais ceux-là seulement sont privés de la grâce qui mettent en eux-mêmes obstacle à la grâce, de même que quand le soleil éclaire le monde, c'est la faute de celui qui ferme les yeux, s'il en souffre, quoiqu'il ne puisse pas voir tant que la lumière du soleil ne l'a pas éclairé (1). »

Pour donner plus de force et de précision à son objection, Vauvenargues se demande comment « Dieu veut sauver un Américain, d'un esprit simple et grossier comme sont la plupart des hommes, qui ne connaît pas Jésus-Christ, à qui l'on n'en a jamais parlé, et qui meurt dans un culte impie, soutenu par l'exemple de ses ancêtres et défendu par tous ses docteurs. » Saint Thomas, dans un passage célèbre, a depuis longtemps répondu à cette difficulté, qui n'est pas nouvelle : « C'est à la divine Providence de procurer à l'homme les moyens nécessaires au salut, pourvu que celui-ci n'y mette pas d'obstacle. — Si, ajoute le saint docteur, un homme élevé dans les bois suivait fidèlement la raison naturelle dans la recherche du bien et la fuite du mal, il faut tenir pour certain que Dieu lui révélerait par une inspiration intérieure les vérités nécessaires au salut, ou lui enver-

(1) S. Th., *Contra Gentes*, lib., III, cap. CLIX.

rait quelque prédicateur de la foi, comme il envoya Pierre à Corneille (1). »

Sur la même question, le grave Bourdaloue, résumant en quelques lignes l'enseignement des docteurs les plus autorisés, dit dans un de ses discours (2) : On sait qu'un païen à qui la loi de Jésus-Christ n'aura pas été annoncée ne sera pas jugé par cette loi, et que Dieu, tout absolu qu'il est, gardera avec lui cette équité naturelle de ne pas le condamner pour une loi qu'on ne lui aura pas fait connaître; c'est ce que saint Paul enseigne en terme formels : *Quicumque sine lege peccaverunt, sine lege peribunt* (*Rom.*, cap. ii, 12).

Ici se présente de nouveau la question des enfants morts sans baptême. Comment peut-on dire que Dieu veut qu'ils soient sauvés? Bien qu'elle n'ait pas été soulevée par Vauvenargues, l'étude de cette difficulté me paraît être le complément nécessaire de ce qui précède.

L'impossibilité pour ces enfants d'arriver au ciel n'empêche pas que Dieu veuille leur salut, et que, selon le témoignage de l'apôtre saint Paul, Jésus-Christ ne soit mort pour tous, *pro omnibus mortuus est* (*II Cor.*, cap. v, 14). Si de fait ils ne peuvent se sauver, c'est qu'ils n'atteignent pas le développement voulu pour faire partie de la famille humaine.

(1) Quest. XIV, *de Ver.*, art. ii, ad 1.

(2) Bourdaloue, 1er avent, Sermon pour le 1er dimanche.

L'enfant mort-né n'a aucun droit civil; pour la même raison, il ne peut devenir membre de l'Église, ni participer aux biens qu'elle confère, aux mérites et aux grâces de Jésus-Christ. Mais pourquoi ce malheur, pourquoi cette existence moissonnée dans son germe? Dieu ne pouvait-il empêcher ce désordre? Là n'est pas la question. La puissance de Dieu est infinie, mais les êtres finis sont tels qu'il est impossible de savoir jusqu'à quel point ils peuvent se prêter à l'action divine. L'obstacle à un plus grand bien ne vient pas de la bonté de Dieu qui est inépuisable, mais de l'infirmité de la créature qui ne peut plus rien recevoir au delà d'une certaine mesure. Quoi qu'il en soit, ce que Dieu dans sa sagesse se propose d'obtenir ce n'est pas l'ordre absolu, mais l'ordre que comportent les choses créées. Les désordres partiels sont la suite inévitable de l'ordre général, la condition du bien total. Il serait donc injuste, quel que soit le sort de l'enfant mort sans baptême, d'accuser la Providence et de lui imputer un désordre qui résulte du conflit des agents physiques, de la rencontre, du choc des diverses lois qui régissent le monde. D'ailleurs, l'ordre naturel est logiquement antérieur dans la pensée divine à l'ordre surnaturel, et pour établir ce dernier, Dieu n'a pas jugé bon de renverser l'ordre primitif, de refaire la nature sur un nouveau plan. Puisque l'ordre de grâce est établi sur le modèle de la nature et en parfaite harmonie avec ses aptitudes et ses facultés, il ne faut plus s'étonner que la fin surnaturelle soit contrariée par le conflit des lois naturelles dans les individus où la nature elle-même n'atteint pas son but.

Resterait à déterminer le sort des enfants qui, ayant abordé dans la région de la lumière, quittent la vie avant d'avoir reçu le baptême ou qui, nés en dehors du christianisme, meurent avant d'avoir atteint l'âge de raison, avant d'avoir contracté aucun mérite ou démérite personnel.

L'Église ne s'est pas prononcée sur ce point, et nous ne regarderions pas comme téméraires ceux qui soutiendraient que dans ce cas, en vertu de la solidarité qui relie entre eux les membres de la famille humaine, Dieu tiendrait compte de la bonne volonté et de la foi *implicite* de leurs parents. Les enfants chrétiens sont sauvés par la foi *explicite* de leurs parents qui leur procurent le bienfait du baptême ; les enfants qui naissent en dehors du christianisme seraient sauvés par la foi de leurs parents en un Dieu rémunérateur.

Quant à ceux qui, au milieu d'une société chrétienne, ne recevraient pas le baptême par la faute de leurs parents, confiant dans la bonté de Dieu, nous croyons qu'ils sont appelés comme tous les hommes à la vie surnaturelle, et qu'ils recevront également les moyens d'y parvenir. Ces moyens nous échappent, *mais le Fils de Dieu est mort pour tous les hommes, il veut le salut de tous,* et nul ne peut en être privé que par sa faute. C'est la lumière de ces grands principes de foi qui éclaire tous ces abîmes obscurs où la raison seule ne peut voir (1).

II.

Le grave inconvénient du fatalisme janséniste comme de tout déterminisme est de supprimer le ressort de l'activité humaine et de condamner au désespoir ceux qui ne peuvent se reposer dans l'indifférence ou s'absorber dans un quiétisme absolu. En effet, si ma destinée dépend exclusivement du choix et de la volonté de Dieu, qu'ai-je à faire pour la changer? N'ai-je pas tout à espérer, mais aussi n'ai-je pas tout à craindre? Vauvenargues a prévenu cette difficulté, et pour toute réponse, il renvoie aux enseignements de l'Église ceux qui ne voudraient pas le croire sur parole.

« — Vous craignez, dites-vous, que ma doctrine ne tende à corrompre les hommes et à les désespérer. — Pourquoi donc cela, je vous prie? Qu'ai-je dit à cet effet? J'enseigne, il est vrai, que les uns sont destinés à jouir, et les autres à souffrir toute l'éternité; c'est la créance inviolable de tous

---

(1) Encore une fois nous hasardons ces observations sous toute réserve, mais nous avons cru qu'il importait de réagir contre les dures opinions du jansénisme; on ignore trop que l'Église permet toutes les doctrines compatibles avec l'amour le plus compatissant et la bonté la plus miséricordieuse.

ceux qui sont dans l'Église, et j'avoue que c'est un mystère que nous ne comprenons pas. »

Mais supprimer la liberté, n'est-ce pas rendre tout effort inutile et condamner les hommes à l'inaction? Comment pourraient-ils éviter le mal, puisque le choix du bien ou du mal ne dépend pas d'eux? Ne doivent-ils pas se résigner tristement à la fatalité qui les domine et les écrase? De nos jours, certains philosophes, qui semblent avoir pris à tâche de tout renouveler, ont attaqué les anciennes preuves de la liberté, sous prétexte de leur en substituer de nouvelles : enveloppant la vérité de trompeuses métaphores, ils ont prétendu que les lois, les punitions et les récompenses sont très conciliables avec le déterminisme. On a pu se laisser séduire par la nouveauté de cette doctrine et le talent de ceux qui la défendaient; mais personne, que nous sachions, n'a pris au sérieux le rôle que Vauvenargues s'attribue dans ce passage, celui de concilier le déterminisme avec l'éternité des peines enseignées par l'Église.

Que les excès de la passion dans l'animal ou dans l'homme soient violemment réprimés, tant que la réaction intérieure est possible, mais à quoi bon corriger un être dont le sort est fixé et qui ne peut plus s'améliorer? Autant châtier éternellement le caillou qui vous a heurté. Aussi les déterministes ont-ils soin en général de nier le dogme catholique de la vie future, et même le plus souvent n'est-ce pas pour échapper à ce dogme gênant qu'ils se laissent volontairement séduire par l'indulgente morale du fatalisme? Mais Vauvenargues tient à ne pas froisser la croyance commune; à l'entendre, il est plein de respect pour les vérités de foi et de déférence pour l'autorité de l'Église. Il n'a qu'un but, c'est de concilier l'Écriture avec elle-même.

« Il ne faut pas dire que notre doctrine soit plus dangereuse que les autres, rien n'est moins vrai que cela; elle a l'avantage de concilier l'Écriture avec elle-même et vos propres contradictions. »

Assurément le dogme de la prédestination est un mystère insondable, mais qui n'a rien de menaçant pour notre liberté. Nous ne comprenons pas comment Dieu prédestine au salut, comment, sans violenter notre liberté, il nous donne la grâce efficace ou secours qui nous fait infailliblement accomplir le bien; mais nous comprenons fort bien qu'il ne peut pas nous prédestiner au mal et qu'il faut attribuer nos fautes non à l'*insuffisance* de la grâce suffisante, mais à la mollesse ou à la perversité de notre volonté. Avec le déterminisme, au contraire, jamais on ne pourra expliquer la damnation éternelle. Dans ce système, en définitive, c'est Dieu qui fait tout par lui-même ou par les forces fatales de la nature; quand l'homme s'attache au mal, c'est Dieu lui-même, l'Auteur de notre être, qui l'y détermine. On ne saurait donc lui en faire un crime, et, à plus forte raison, l'en punir. Dieu condamnerait sans raison des êtres sensibles et intelligents à un éternel malheur, cette opinion répugne à la raison et révolte toute âme généreuse, on ne saurait avoir assez d'indignation pour un tel blasphème. L'athéisme vaut mieux mille fois qu'un Dieu injuste et cruel. Et Vauvenargues voudrait encore qu'on le regardât comme un défenseur de la religion et des saines doctrines !

Tout autre est l'enseignement de l'Église. Saint Augustin, dont les déterministes aiment à invoquer l'autorité, déclare formellement que si Dieu peut sauver ses élus sans mérite, parce qu'il est bon, il ne peut condamner personne sans démérite, parce qu'il est juste : *Deus potest aliquos sine bonis meritis liberare, quia bonus est; non potest quemquam sine malis damnare, quia justus est* (1). Le concile d'Orange prononce un anathème éternel avec toute détestation contre ceux qui oseraient dire que l'homme soit prédestiné au mal par la puissance divine, et le concile de Valence décide pareillement que Dieu, par sa prescience, n'impose à personne la nécessité de pécher, mais qu'il prévoit seulement ce que l'homme devait être par sa propre volonté, en sorte que les méchants ne périssent point pour n'avoir pu être bons, mais pour n'avoir pas voulu le devenir, ou pour n'avoir pas voulu demeurer dans la grâce qu'ils avaient reçue.

Cette question en soulève une autre. Dieu prédestine au bien, et par suite au bonheur éternel. Mais pourquoi celui-ci

____

(1) S. August., *Contra Julianum*, lib. III, cap. XVIII.

plutôt que celui-là? Pourquoi Jacob de préférence à Ésaü? C'est le secret de la miséricorde divine. Qui connaît les desseins du Seigneur, s'écrie saint Paul, ou qui est entré dans ses conseils? *Quis cognovit sensum Domini? Aut quis ejus consiliarius fuit?*

Dieu ne doit le salut à personne; s'il l'assure à ses élus, nous devons admirer et bénir sa bonté et lui demander la grâce d'être du nombre de ses prédestinés. Ce qui doit nous rassurer contre l'incertitude de notre sort final, c'est que si nous sommes fidèles jusqu'au bout, nous obtiendrons la vie éternelle. Or, nous pouvons persévérer dans le bien avec la grâce de Dieu, et nous savons qu'il ne nous la refusera pas, si nous avons soin de la lui demander par la prière et l'effort de notre bonne volonté. D'après Vauvenargues, au contraire, non seulement nous ne pouvons pas nous sauver nous-mêmes, mais nous ne pouvons même pas demander le secours dont nous avons besoin, ni opérer le bien auquel Dieu a attaché sa grâce comme récompense.

Et d'ailleurs à quoi bon demander d'être sauvé? Mon sort est réglé d'avance dans les décrets éternels de Dieu, je ne puis rien faire à l'encontre de sa volonté souveraine. — On l'a souvent fait remarquer, la prescience n'est pas la détermination : la prescience de Dieu n'est pas la cause de l'existence des choses, mais elle est elle-même fondée sur leur existence, écrivait Voltaire à Frédéric. La prévision n'empêche pas la liberté des actes futurs, pas plus que le souvenir ne détruit la liberté des actes accomplis. Bien que Dieu connaisse tout de toute éternité, la liberté humaine ne laisse pas de se manifester dans le temps et de réaliser librement les vues de la Providence. Et de fait tous les hommes, au lieu de se laisser décourager par le mystère, déploient leur activité et font des efforts pour le succès de la moindre entreprise, dont l'issue n'est pas moins prévue de Dieu que leur persévérance ou leur réprobation finale. Cette solution pratique n'explique pas à l'intelligence le rapport de Dieu avec le monde, de la prescience divine avec la liberté humaine, de l'Éternité avec le temps. Entre des termes si éloignés, entre le fini et l'infini, il n'y a pas de commune mesure. Inclinons-nous donc devant le mystère qui s'impose à notre faible intelligence, et pour faciliter cette soumission de notre esprit, rappelons-nous la sage remarque de saint Augustin, c'est qu'en Dieu il n'y a pas de prescience; il voit dans un éternel présent, d'un seul regard, ce qui pour nous est le passé, le présent et l'avenir. Comment? Il est plus sage de ne pas le rechercher; mais il n'y a pas de contradiction possible entre ces deux vérités, la science de Dieu et la liberté de l'homme, car l'une est aussi certaine que l'autre, et comme dit Bossuet, deux choses établies sur des idées si nécessaires ne peuvent se détruire l'une et l'autre (1).

(1) Pour toutes ces questions, nous avons consulté avec beaucoup de fruit le savant ouvrage de M. Th.-H. Martin, *la Vie future suivant la foi et suivant la raison.*

III.

Nier le mal serait téméraire ; d'un autre côté il serait dur d'affirmer que Dieu en est l'auteur. A qui donc l'imputer, si l'homme n'est pas libre ? Vauvenargues va chercher un biais et essayer de s'établir entre ces deux écueils ; il prend un long détour pour arriver à son but. D'abord il n'osait nier la liberté, il a commencé par en altérer la notion : puis encouragé par ses propres arguments, il n'a plus reculé devant la fatalité. Mis en demeure de choisir entre l'injustice de Dieu et la négation du mal, il ne se prononce pas, il fait appel à la profondeur des conseils divins. Mais comme la prédestination au mal et aux peines éternelles semblait accuser la bonté de Dieu, il va rétablir l'équilibre dans une deuxième réponse aux conséquences de la nécessité, et altérer la notion du mal à laquelle il n'avait d'abord osé s'attaquer. Confiant dans la puissance de l'entraînement et de l'illusion, il espérait sans doute que ceux qui l'avaient suivi jusque-là ne reculeraient pas devant le dernier mot de sa doctrine. Et en effet ceux qui ont pu admettre avec lui que toutes nos actions sont nécessaires, que la justice de Dieu est contraire à la nôtre..., doivent reconnaître maintenant que le mal moral n'existe pas, qu'il n'y a ni crime, ni criminel, ou plutôt, c'est bien peu les connaître que de leur supposer cette sincérité : ils se garderont bien de heurter le sens commun, ils conserveront ces mots de justice, de crime, de vice, de vertu..., après les avoir dépouillés de l'idée qu'ils renfermaient.

Il n'y a plus de vice, dites-vous, si tout est nécessaire. — Mais, reprend Vauvenargues, une chose est bonne ou mauvaise en elle-même, et nullement parce qu'elle est nécessaire ou ne l'est pas. — Étrange abus de mots ! Comme si le bien moral, le seul en question ici, n'avait pas un caractère à part qui ne permet pas de le confondre avec le bien physique ou logique.

Le mal physique est une nécessité de la nature, le mal moral une faute de la volonté. Une chose est physiquement bonne ou défectueuse en elle-même, indépendamment de l'estime ou du mépris que nous professons pour elle, notre appréciation n'altère en rien sa nature. Au contraire, un acte est moralement bon ou mauvais, suivant qu'il est ou non conforme à la loi éternelle, manifestée par la raison, digne d'éloge ou de blâme. Sa moralité dépend en grande partie de l'intention de celui qui l'accomplit. Celui-ci peut, par le but qu'il se propose, rendre moralement mauvaise une action bonne en elle-même. Faire l'aumône est une bonne action, mais donner par ostentation est condamnable ; l'aumône de celui qui veut se faire admirer, tout en demeurant physiquement bonne, devient moralement vicieuse. Réciproquement, l'intention peut rendre vertueuse une action dont on ignore le vice naturel. Je viens d'apprendre une nouvelle importante pour l'un de mes amis, je m'empresse de lui en faire part, mais il se trouve qu'elle est fausse. Bien que trompeuse la démarche que j'ai faite auprès de mon ami ne cesse pas d'être louable, la fausseté de mon renseignement ne détruit pas le mérite de mon intention. En d'autres termes, le mal physique est une difformité ou une imperfection de la nature, une lésion organique ou un désordre partiel dans l'harmonie de l'univers; le mal moral, au contraire, est une défaillance, une défection de la volonté, une violation de la justice, un désordre dans la conscience du coupable. Or, la souffrance et l'injustice ne sont pas des maux du même ordre, et les confondre est la marque d'un esprit faible ou prévenu.

Vauvenargues a beau multiplier ses exemples, plus ils sont nombreux, mieux ils font ressortir l'évidence de son sophisme. — « Qu'un homme soit malade parce qu'il le veut, ou qu'il soit malade sans le vouloir, cela ne revient-il pas au même? » — Qui ne voit l'inanité d'un pareil argument? Celui qui veut être malade est coupable, car la raison nous commande de veiller à la conservation de notre corps : celui qui est malade sans le vouloir est malheureux, il souffre un mal que sa volonté n'a pu empêcher.

« Dira-t-on que Dieu n'est point parfait, parce qu'il est nécessairement parfait? Ne faut-il pas dire, au contraire, qu'il est d'autant plus parfait, qu'il ne peut être imparfait?

S'il n'était pas nécessairement parfait, il pourrait déchoir de sa perfection, à laquelle il manquerait un plus haut degré d'excellence, et qui dès lors ne mériterait plus ce nom. Il en est de même du vice : plus il est nécessaire, plus il est vice ; rien n'est plus vicieux dans le monde que ce qui, par son fond, est incapable d'être bien. »

C'est toujours la même confusion du bien moral avec le bien métaphysique, du mal moral avec l'imperfection métaphysique. En Dieu, comme dans l'homme, ce que l'on appelle attribut moral est supérieur à l'attribut métaphysique. Si les attributs divins n'étaient pas indivisibles, si les distinctions que nous établissons dans l'essence divine étaient autre chose qu'un remède à notre ignorance et une invention de notre faiblesse, la nécessité de Dieu opposée à la contingence des créatures n'est pas son attribut le plus auguste, mais plutôt les perfections infinies dont nous portons l'image empreinte en nos âmes, son intelligence infinie, et par-dessus tout sa volonté, son amour libre et bienfaisant, sa liberté souveraine et indéfectible.

Plus un vice est nécessaire, plus il est vice. D'accord, si on entend par là une habitude mauvaise contractée par les défaillances successives de la volonté, et c'est ce qui rend si horrible l'état des méchants dans l'enfer, condamnés à la haine éternelle du bien ; mais si on entend par vice un défaut naturel sur lequel la volonté n'a pas de prise, ce n'est pas un vrai mal.

Le fatalisme ou déterminisme moral ne doit pas seulement rassurer la conscience individuelle, il doit aussi porter ses fruits dans la société. Si la nécessité empêche la faute au for intérieur, elle doit aussi absoudre le criminel aux yeux des hommes et de la société, et le mettre à l'abri de l'indignation et de la pitié. Comme le dit fort bien notre moraliste, si le vice est une maladie, il ne faut pas traiter le scélérat autrement qu'un malade. Rien n'est si juste, rien n'est plus humain, s'écrie-t-il, devançant ainsi sans le vouloir les revendications humanitaires des sophistes contemporains. « Si on peut épargner le scélérat, sans faire tort à la société dont il est membre, il faut l'épargner; mais si le salut de la société dépend de sa perte, il faut qu'il meure, cela est dans l'ordre. » La justice et la vertu n'ont plus droit au respect, et le vice peut s'étaler impunément. Grâce pour le scélérat, victime de la nécessité! Périsse l'innocent dont la vertu est un obstacle au bien du peuple! Qui ne voit le danger de ces maximes? Si un jour (ce qu'à Dieu ne plaise!) ces désastreuses doctrines se répandaient dans les foules, le mal qui se commet dans l'ombre et dans la honte ne tarderait pas à lever le front, les hommes n'ayant plus d'autre loi que leurs passions regarderaient comme des criminels et des ennemis du progrès social les partisans de l'ancienne morale, défenseurs de la vertu, et ne tarderaient pas à les immoler sur l'autel du salut public. La vertu disparaissant avec la liberté, les hommes se déchireraient entre eux et retomberaient dans l'état sauvage, la corruption des mœurs entraînerait à la fois la ruine de la famille et de la société. Je m'étonne qu'un homme d'esprit comme Vauvenargues n'ait pas prévu ces horribles conséquences, ou, s'il les a entrevues, qu'il n'ait pas eu le courage d'avouer son erreur et de renoncer à son système.

La doctrine de la nécessité du mal attaque dans son fondement le dogme des peines éternelles ; le salut du peuple érigé en critérium de moralité n'exige nullement le châtiment du scélérat dans l'autre vie. Aussi Vauvenargues esquive-t-il cette difficulté : il déclare que cette question ne regarde pas les philosophes, et la laisse à résoudre aux théologiens. A eux de relever l'édifice dont il a miné les bases. « Mais Dieu punira-t-il aussi ce misérable dans l'autre monde, qui a été puni dans celui-ci, et qui n'a vécu d'ailleurs que selon les lois de son être ? — Cette question ne regarde pas les philosophes, c'est aux théologiens à la décider. » — C'est à l'erreur ajouter la mauvaise foi, joindre l'odieux au ridicule.

En prenant ainsi en main la défense du crime, le déterministe ne porte pas seulement atteinte à la justice et aux institutions sociales, il s'attaque aux mœurs, aux habitudes de la vie privée, aux pensées et aux sentiments les plus intimes de l'humanité, au bon sens de l'homme le plus simple aussi bien qu'à la raison du philosophe le plus éclairé. Chez tous les peuples on a de l'horreur et de l'aversion pour le criminel, de la haine et du mépris pour le crime. Tous les crimes ne méritent pas la même réprobation, ni tous les criminels le même châtiment. On rit des travers des hommes, on s'indigne contre leur méchanceté. La frivolité, la vaine gloire nous rendent ridicules, le *Bourgeois gentilhomme,* ou bien encore *M. de Pourceaugnac.* Ces fautes, qui échappent à notre faiblesse et accusent moins la dépravation de la volonté que l'infirmité de la nature, excitent la pitié des âmes compatissantes et les trouvent prêtes à l'indulgence, mais il est des crimes qui dénotent la perversité et la bassesse de leur auteur et qui soulèvent une juste indignation dans les âmes bien nées. L'impiété, la perfidie, l'ingratitude ont toujours été un objet d'horreur : le sacrilège, le parricide, l'assassin ont toujours été regardés comme des monstres. Vouloir attirer la compassion sur ces scélérats, c'est faire injure à la vertu et à la conscience du genre humain. Si ces attentats sont excusables, la vertu n'est qu'un mot; si le fatalisme est le vrai, le genre humain est donc dans l'erreur, et cela sur un point capital, et dont il trouve en lui-même les éléments de solution. Car d'où vient que nous éprouvons un sentiment d'horreur lorsque nous sommes témoins d'un crime? N'est-ce pas parce que nous sentons en nous-mêmes que le criminel, avant de perpétrer son forfait, a dû étouffer en lui le sens moral et tout noble sentiment, fouler aux pieds la raison qui seule fait sa grandeur et le rend respectable à nos yeux? Vauvenargues se place donc en dehors de l'expérience et de l'humanité, lorsqu'il n'aperçoit pas de différence entre un bossu et un criminel, entre un homme qui manque d'esprit et un homme qui manque de cœur.

Lorsqu'on y regarde de près, cette doctrine, qui ne paraît respirer que douceur et indulgence, est pleine d'insolence et de mépris pour le genre humain. C'est un reflet de la doctrine de Sénèque : *Vitia vulgi non invisa nobis sed ridicula videantur,* rions des vices de la foule, mais ne nous indignons pas. Voyez plutôt sur quoi s'appuient ces prétendus humanitaires qui veulent à tout prix justifier le coupable! Indulgence et pitié pour ces malheureux! Ils ne sont pas libres : ils se croyaient hommes et maîtres de leur activité morale, ce sont des automates, des rouages du mécanisme universel. La nature humaine proteste contre cette doctrine avilissante, et ne veut pas d'un pardon acheté au prix de sa dignité. Tu me gâtes le « soyons amis, Cinna, » s'écriait le maréchal de la Feuillade en entendant Auguste reprocher à Cinna sa bassesse et son néant. Si le roi m'en disait autant, ajoutait-il, je le remercierais de son amitié. De même, lorsque j'entends Vauvenargues répéter sur tous les tons que je ne puis rien, que tout en moi est nécessaire, la vertu aussi bien que le vice, je me révolte contre un pareil défenseur, et je préfère à son pardon humiliant la sentence d'un juge équitable qui me respecte jusque dans la rigueur de son châtiment.

CHAPITRE VI.

CONCLUSION.

Réalité et excellence du libre arbitre.

La théorie de Vauvenargues se résout dans le déterminisme le plus absolu, il n'y a de libre arbitre que dans le
titre de son *Traité*. La liberté ou pouvoir d'agir est déterminé par la volonté, laquelle est elle-même déterminée par
quelque passion ou réflexion. La pensée et le sentiment
naissent en nous, d'après les lois nécessaires de notre être.
C'est Dieu, auteur de notre être, qui fait tout, nous ne
sommes que ses instruments : il dispose de nous à son gré
dans cette vie et dans l'autre. Ces quelques lignes, résumé
fidèle du *Traité du libre arbitre,* renferment à peu près

toutes les objections que l'on peut faire contre la liberté. Les réfuter, c'est rétablir la notion du libre arbitre : nous avons essayé de le faire dans les pages qui précèdent. Nous compléterons cet essai en abordant directement la théorie de la volonté, en faisant la synthèse des explications que nous avons éparpillées au cours de la discussion. Exposer la vérité, c'est encore réfuter l'erreur.

La liberté est le pouvoir de se déterminer soi-même, de vouloir ou de ne pas vouloir, d'être la cause efficiente de son acte. La volonté est une puissance à part, un pouvoir distinct de l'intelligence et de la sensibilité avec lesquelles on l'a souvent confondue. Cependant, bien que distincte, elle n'est pas isolée : elle prend part dans une certaine mesure à toutes les opérations de l'âme, et de son côté ne peut agir elle-même sans le concours des autres facultés. Quand il s'agit de la volonté, il faut donc prendre garde de la confondre avec les conditions de l'acte libre, ou de l'isoler, et de la séparer complètement des facultés qui sont nécessaires à son exercice.

M. Renouvier, l'un des philosophes qui ont le plus sérieusement étudié ce problème, ne croit pas que l'on puisse séparer dans l'acte libre l'élément intellectuel de l'élément volontaire. « Je ne puis concevoir, dit-il, dans les actes mentals successifs qui forment les moments d'une délibération, y compris le dernier, ni des volitions sans motifs qui les accompagnent, ni des motifs sans des volitions pour les

appeler à l'esprit, ou les en éloigner, ou les y fixer (1). »
Saint Thomas avait enseigné la même chose lorsqu'il avait
dit : avant que la raison détermine la volonté, il faut que la
volonté meuve la raison. D'où il faut conclure que les premiers actes d'intelligence et de volonté sont simultanés à
leur origine et ne font qu'un, sous peine de s'enfermer dans
un cercle sans issue.

Bien que la résolution soit l'acte propre de la volonté, la
liberté n'apparaît pas seulement dans la détermination, on
la trouve déjà dans les opérations de l'esprit qui précèdent
et préparent la préférence. « Le meilleur, en effet, dit Maine
de Biran, n'est reconnu ou jugé tel que par l'être actif qui
fait un effort pour le chercher et qui y arrête sa pensée (2).»
Si la volonté n'avait pas de prise sur les motifs, comment
défendrait-elle contre eux la liberté de son choix? Lorsqu'elle
les a ainsi modifiés, on peut dire que la volonté suit le motif
le plus fort, celui dont l'attrait est le plus puissant, mais à
la condition d'ajouter que cet attrait dépend d'elle, qu'elle
peut le créer, ou du moins l'accroître ou le diminuer à son
gré. Les motifs sont miens, dirons-nous avec Ch. Dolfus,
pourvu qu'on ait bien soin de remarquer qu'ils ne sont tels
que par l'action de la volonté qui les a transformés en sa
propre substance et marqués de son cachet. Mais si, comme

(1) *La Critique philosophique*, 25 septembre 1879.
(2) Maine de Biran, *Œuvres inédites*, t. II, p. 216.

le voulait Vauvenargues, ils se produisent en moi sans moi, s'ils sont déterminés par les lois nécessaires de mon être, je ne puis pas les revendiquer ni dire qu'ils sont à moi.

La volonté intervient dans toutes les opérations de notre esprit; chacune de nos idées est le résultat d'un acte d'attention, d'une concentration de toutes les forces de notre intelligence sur un même objet. Mais l'action de la volonté sur l'intelligence n'est nulle part plus manifeste que dans la délibération. Si la volonté n'arrêtait pas l'action, si elle ne fixait pas l'intelligence sur la considération des motifs, il n'y aurait pas de place pour la délibération. Non seulement la volonté se prononce après avoir pris connaissance de la cause, mais c'est elle qui dirige la discussion; elle attire l'attention sur les motifs qui lui agréent, suspend à son gré le jugement pour évoquer de nouveaux motifs, ou s'abandonne aux impulsions qui se présentent. Elle ne peut fausser la raison, mais elle la dirige à son gré; elle peut en user, suivant qu'il lui plaît, pour obtenir l'évidence ou pour s'y dérober. Au moment où elle se détermine, la conscience sait toujours implicitement pouvoir réfléchir, elle a un vague pressentiment des motifs qui la retiendraient si elle voulait réfléchir. « J'aperçois clairement ma résolution et je comprends qu'elle est la cause de mon acte... Je comprends clairement, je vois, je sens, par l'intuition intérieure ou sens intime, que cette force qui produit cette résolution, pouvait ne pas la produire ou en produire une toute différente, et qu'ainsi elle en est à la fois la cause et la raison dernière et suffisante (1). » Je sens que je pourrais agir autrement, dans l'acte même de la résolution (j'ai conscience non seulement de mon acte, mais du pouvoir ou plutôt de la force même qui le produit); je le sens auparavant, et c'est pourquoi souvent j'hésite avant de me décider; je le sens après, et c'est pourquoi j'éprouve quelquefois des remords lorsque ma détermination n'est pas conforme à la loi morale, au bien qui est la règle de ma volonté. Je sens donc en moi, selon l'expression d'Aristote, une puissance qui contient les contraires.

La volonté est donc présente à tous les moments de la délibération ; mais tant que par sa décision elle n'a pas mis un terme à la délibération, il n'y a pas de volition proprement dite. Il y a composition, concours, action réciproque, antécédents communs à toutes les facultés de l'âme ; mais l'acte propre de la volonté c'est d'arrêter la délibération, de se déterminer elle-même en se portant vers l'objet de la dernière représentation qui se trouve ainsi confondue avec l'acte libre. M. Martin, dans le savant ouvrage qu'il a composé sur *la Vie future*, a parfaitement décrit ce terme de la délibération ou jugement pratique. « Il est vrai qu'au terme de la délibération, la détermination de la volonté se confond avec le dernier jugement de l'intelligence ; mais ce

____

(1) J. Simon, *le Devoir*, chap. 1er.

dernier jugement est un fait volontaire et libre ; c'est un jugement pratique qui, au lieu d'être la conséquence logiquement nécessaire des motifs considérés en eux-mêmes, est relatif à l'individu et à la disposition morale où il a voulu se mettre ; ce jugement, qui ne fait que constater le choix libre, peut toujours se formuler ainsi : J'aime mieux telle résolution que telle autre. Or, quand l'intérêt et le devoir sont en présence, on est libre d'aimer mieux l'un ou l'autre, et alors précisément, aimer mieux, c'est choisir avec liberté (1). »

Jules Lequier, dans la *Recherche d'une première vérité,* n'est pas moins explicite sur la nature de ce dernier jugement qui ,termine la délibération. « Si la liberté des résolutions humaines est réelle, la liberté s'applique au dernier jugement qui motive l'acte libre, et non pas seulement à l'acte proprement dit d'une volonté, car il n'y a pas de volonté indifférente en matière d'actes réfléchis, et toute volition de ce genre se réclame d'une raison ou d'un motif quelconque. Si tous les jugements portés sous l'influence d'une passion ou d'un état intellectuel donnés étaient nécessaires, tous les autres aussi seraient nécessaires. Si, au contraire, il y a des actes libres, les affirmations de conscience touchant le vrai et le faux, le bien et le mal, sont quelquefois libres aussi, et il faut que l'essence de la liberté remonte jusque-

(1) Th.-H. Martin, *la Vie future,* p. 350.

là (1). » Ainsi donc, jugement pratique et détermination ne font qu'un : la préférence, la résolution rattachée à cet inséparable antécédent, sans lequel il n'y aurait pas de choix possible, participe à sa liberté. Mais ce qu'il importe de ne pas oublier, c'est que les motifs ne sont pas déterminants par eux-mêmes, et que la raison de notre vouloir est dans notre activité même. Ce que M. Janet exprime en disant que « le sentiment intérieur de la liberté est le sentiment que nous avons de ce pouvoir qui, éclairé par l'entendement, ne trouve qu'en lui-même la force de réaliser ce que l'entendement lui propose. — La liberté n'est autre chose que la force morale (2). »

En d'autres termes, l'homme a la puissance d'agir d'après des concepts ou idées; c'est là son privilège, son trait distinctif qui l'élève au-dessus de la nature et l'en affranchit. « Les animaux, dit saint Thomas, ne trouvent pas en eux-mêmes les formes qui se produisent dans les sens ou l'imagination et qui leur donnent le mouvement; mais ils les reçoivent des objets extérieurs et sensibles qui agissent sur l'un des sens, et le jugement qu'ils en portent n'est qu'une appréciation naturelle, résultat nécessaire de l'instinct. C'est pourquoi, bien qu'on les considère comme se mouvant en

____

(1) Le dilemme de Lequier, inséré par M. Renouvier dans son 2ᵉ *Essai de critique générale*, 2ᵉ vol.

(2) P. Janet, *Traité élémentaire de philosophie*, t. I, p. 319.

quelque sorte eux-mêmes, parce qu'une partie fait en eux l'office de moteur et que l'autre reçoit le mouvement, l'action de mouvoir ne vient cependant pas d'eux, mais en partie des objets extérieurs qui affectent les sens, et en partie de la nature (1). »

Il n'y a, ajoute le saint docteur au chapitre suivant, que les êtres qui se meuvent eux-mêmes en portant un jugement qui jugent librement. « Or, les intelligences ont la liberté, non seulement dans leurs actions, mais encore dans leurs jugements, et c'est en cela que consiste le libre arbitre. »

La liberté est le pouvoir d'agir d'après des idées. C'est un monde nouveau qui commence, la raison commandant à la matière et établissant son règne au-dessus d'elle ; l'homme luttant contre la fatalité physique et s'affranchissant par la vertu des penchants et des appétits inférieurs. Par cela que je suis une force pensante et réfléchie sur elle-même, je puis susciter en moi des motifs indépendants des mobiles purement sensibles ; je puis opposer à la passion, aux impulsions instinctives des raisons qui les tiennent en échec et leur font contrepoids. Ma volonté est partagée entre l'attrait sensible et les conseils de la raison ; je sens en moi, suivant l'expression d'Aristote, une puissance qui contient les contraires. Je puis à mon gré céder à la passion ou obéir

____

(1) *Contra Gentiles*, lib. II, cap. XLVII.

au devoir. A l'aide de l'entendement je m'empare de la force spontanée et la ravis aux impulsions de la nature. J'échappe ainsi, par un libre effort, au mécanisme universel ; je soumets les forces de la nature à mes desseins, je deviens le maître de mon corps, de mes passions, de mes habitudes ; je me possède moi-même, je suis cause de mes actes, je suis libre, *liberum est quod est causa sui*. Poser dans la réalité un acte dont je suis cause, qui m'appartient, qui sans moi n'aurait pas été produit, disposer de mon activité au milieu du mécanisme universel, n'est-ce pas là, suivant l'expression de Platon, vivre comme un dieu au milieu des animaux qui ne savent qu'obéir à leur instinct, n'est-ce pas là, pour parler avec Descartes, ce qui principalement me fait connaître que je porte l'image et la ressemblance de Dieu ?

Cependant le pouvoir de la volonté n'est pas infini, il est renfermé dans des limites infranchissables, dans les lois de la nature et de la matière. Comme nous avons déjà eu l'occasion de le remarquer dans le cours de cette étude, l'homme ne peut créer ni matière, ni force ; il n'a d'action que sur le mode d'emploi de la matière et de la force préexistantes. Quoique libre, il n'est jamais le moteur primitif, le principe premier d'une action ou d'une série de mouvements, car en tout ce qu'il exécute et pour tout ce qu'il est, il est obligé de recevoir d'un autre. Sa volonté n'entre en exercice qu'à la condition d'une action prévenante et excitatrice. Notre âme n'est pas une table rase et le libre arbitre est obligé de tenir compte des caractères que la nature y a gravés. Le milieu physique et moral dans lequèl nous sommes nés, notre organisation physique, nos aptitudes et nos penchants, les mille influences connues ou ignorées qui pénètrent dans notre âme sont autant de forces que le libre arbitre doit conquérir et soumettre à son empire. Il faut d'abord que l'homme, avant de se servir de sa volonté, la forme et la développe ; le premier devoir de l'agent libre est cela même d'être libre, c'est l'œuvre de la vie entière, car la condition qui nous est faite ici-bas ne nous permet pas de nous reposer dans la possession du bien, nous sommes obligés de lutter sans relâche contre les énergies du monde inférieur qui tendent à reprendre le dessus. La volonté a le pouvoir de les vaincre et de les soumettre à son empire, elle n'a pas le pouvoir de les exterminer ou de les réduire à l'impuissance. La mort en séparant les adversaires met seule un terme à la lutte.

Tout acte libre a ses conditions, et ces conditions constituent pour l'agent une enceinte déterminée qui a sans doute une certaine étendue, et au dedans de laquelle il peut se mouvoir dans tel ou tel sens, mais qu'il ne saurait franchir sans perdre du même coup la faculté d'agir, sans s'exposer à s'anéantir lui-même. Notre volonté semble se mouvoir entre l'ignorance ou vie instinctive et la souveraine liberté ou parfaite sagesse. En deçà comme au-delà du jugement pratique, il n'y a pas de place pour la détermination proprement dite. Avec l'ignorance il n'y a pas de jugement, de délibération possible, c'est le hasard et le caprice qui décident, la fantaisie brochant sur le nécessaire, dit M. Renouvier. Avec l'impeccabilité absolue disparaît l'effort pour atteindre le bien, ce qui paraît être le caractère de notre liberté en cette vie. De plus, suivant la profonde remarque d'Aristote, notre délibération ne porte que sur les choses humaines, sur les choses qui dépendent de nous, τὰ ἐφ' ἡμῖν. C'est l'homme qui est le principe de ses actions et il ne délibère que sur les choses qui sont en son pouvoir, qui sont faites par nous, τὰ πρακτὰ ἡμῖν. Les axiomes ne sont pas matière à délibération, ni les lois constantes de la nature, ni les choses variables qui ne dépendent pas de nous, telles que les sécheresses et les pluies. Les hommes ne délibèrent que sur les choses qu'ils se croient en pouvoir de faire.

Autre limite du côté de Dieu. Notre liberté est l'œuvre de Dieu, comme toutes les autres puissances de notre âme, et ne peut se mouvoir que sous son influence, et dans la sphère qu'il lui a tracée. Au-dessus de l'action dont l'homme a l'initiative, il y a des règles qui s'imposent à ses pensées, à ses sentiments, à son activité tout entière, sous quelque forme qu'elle se développe et se déploie. Notre liberté a une loi, une règle, elle n'est pas à elle-même sa propre fin. On dit quelquefois qu'elle est bonne par elle-même : elle tire sa bonté de la règle qui lui est imposée, de la justice et de la vérité. Elle nous apparaît comme ayant un caractère moral, inviolable et sacré. Mais ce caractère elle ne le tient pas d'elle-même, c'est parce qu'elle est le moyen d'atteindre le bien, de réaliser dans nos actes ce qui est en soi-même inviolable, qu'elle a droit à notre respect; elle est sacrée, parce qu'elle est le moyen de se conformer au bien qui seul est sacré. L'homme est libre, il se gouverne lui-même et dispose de ses actes, mais il a un maître, de quelque nom qu'on l'appelle, et quelque idée qu'on s'en fasse, et à ce maître il doit rendre compte de l'usage de sa liberté. Appelez-le vérité, justice, c'est un maître. Nous pouvons, c'est en cela que consiste notre liberté, repousser ou accepter sa loi, nous ne pouvons la vaincre, ni la détruire. Celui qui lui désobéit, se fuit lui-même et sort de l'humanité pour retomber sous l'esclavage du monde inférieur et de la fatalité physique. *Ipse se fugiet, et naturam hominis aspernabitur* (1).

Nous sommes libres, c'est là le secret de notre grandeur et de notre dignité. Voulant, autant que la chose était compatible avec notre néant, nous communiquer quelque chose de l'Être par soi, Dieu nous a fait l'honneur d'être des causes. Il nous a donné la liberté et a remis notre destinée entre nos mains. Nous ne pouvions pas nous donner la vie, il nous donne le pouvoir d'en disposer à notre gré et de bâtir sur

---

(1) Cicéron, *de Republica*, lib. III, cap. XXII.

son ouvrage. Nous ne pouvions pas être l'Être par soi, mais nous sommes faits à son image, et notre tâche est d'achever en nous cette image et de grandir indéfiniment en gloire et en sagesse. La vérité, la loi est éternelle comme Dieu ; nous ne pouvions pas assister à sa naissance, mais cet ordre que Dieu veut de toute éternité, nous avons le devoir de l'établir et de le faire régner en nous-mêmes.

Le souverain législateur nous a délégué une partie de sa souveraineté ; il nous laisse pour un temps la gestion de ses affaires et l'administration de sa justice. Il n'a rien abandonné au hasard dans le monde physique, sa loi se fait obéir dans tout l'univers, tout ce qui l'entrave est amoindri, tout ce qui lui résiste est anéanti : il laisse à l'homme le soin d'exécuter les lois de l'ordre moral, quitte à remettre chaque chose à sa place, à rendre à chacun selon ses œuvres, lorsque le temps de l'épreuve sera accompli. En attendant, l'homme est libre : il promène un regard dominateur sur la nature et, par-delà tous les mondes, il s'élève vers les régions de l'éternelle vérité, vers les sphères inaccessibles où Dieu réside, et s'élance avec amour vers la source de tout bien, le principe et la fin de toute créature. Son honneur est de répondre à l'appel de Dieu qui l'attire spontanément vers lui, de le chercher librement, de l'aimer de toutes les forces de son âme, de s'approprier et de rendre personnels par l'effort et la liberté les lumières qu'il nous envoie et l'amour qu'il nous inspire. La vertu, le bien, c'est Dieu dans l'homme,

Dieu retrouvé par notre cœur et conquis par nos efforts ; c'est l'ordre réalisé par notre volonté, c'est l'homme devenu semblable à Dieu et ne faisant qu'un avec lui. La sainteté, l'impeccabilité assurée à l'homme juste dans l'autre vie, c'est la parfaite sagesse, l'image de Dieu achevée en nous par la liberté.

Telle est l'idée que nous nous sommes faite de la grandeur de l'homme et de sa destinée, à la suite des penseurs qui ont le plus honoré la nature humaine. Pourquoi faut-il que Vauvenargues n'ait pas toujours suivi leurs inspirations ? Comment n'a-t-il pas compris que l'intérêt, qu'il soit général ou particulier, ne saurait être le principe de la justice et du bien ? Sans doute, l'intérêt général bien entendu se confond avec le bien, les peuples aussi bien que les individus trouvant dans la loi morale la source de leur grandeur et de leur sécurité. Ceci nous rappelle la belle parole de Montesquieu : « Chose admirable ! la religion chrétienne, qui ne semble avoir d'objet que la félicité de l'autre vie, fait encore notre bonheur dans celle-ci (1). » Mais il ne faut pas oublier que la morale est la règle, et que l'intérêt, la raison d'État, doivent s'y soumettre.

Le bien et l'utile ne sont pas des idées du même ordre. L'intérêt n'a pas force de loi, n'est pas obligatoire : le droit seul a prise sur la conscience. L'utile est désirable, mais

(1) *Esprit des lois*, liv. XXIV, chap. III.

il n'acquiert de véritable valeur que par sa conformité avec le bien ; le bien est respectable, notre âme doit s'incliner devant lui.

Vauvenargues avait trop présumé de ses forces : il s'était flatté de concilier ces deux choses que Tacite appellerait *dissociables,* la passion et la vertu. Il est vrai qu'il recommandait les passions nobles, mais, comme l'a remarqué M. Nisard (1), il manquait d'autorité. Il n'avait pas de règle uniforme pour faire le discernement entre les passions nobles et celles qui ne le sont pas ; au lieu de consulter la raison, il s'en remettait à l'impulsion de la nature. Il entrait ainsi dans la voie du naturalisme où beaucoup d'autres l'ont suivi, même à leur insu. Son *Traité du libre arbitre* est peu connu, mais comme la vérité, l'erreur a ses procédés qui sont au fond toujours les mêmes, et l'on retrouve aujourd'hui chez les partisans du déterminisme les arguments de Vauvenargues rajeunis et renouvelés sous toutes les formes. Aux métaphysiciens qui rejetaient la liberté, la regardant comme incompatible avec le principe de raison suffisante, sont venus se joindre les positivistes qui la combattent au nom de la nature et déclarent qu'elle doit céder devant les exigences et les progrès de la science. La liberté, disent-ils, n'est qu'un mot vide de sens, une abstraction qui ne tardera pas à disparaître devant la réalité

---

(1) *Histoire de la Littérature française,* liv. IV, chap. VII.

mieux connue. Pour ne pas avouer votre ignorance vous attribuez à un principe occulte, appelé libre arbitre, des phénomènes dont la cause nous échappe, mais que la science est en voie de découvrir.

D'autres, plus conciliants et d'un esprit plus libéral, se sont jetés au travers de la mêlée et ont essayé de désarmer les combattants. Ceux-là semblent relever plus directement de Vauvenargues, ils sont partisans des moyens termes et ne désespèrent pas de concilier la matière et la force, la liberté et le déterminisme. Relâchant le faisceau des vérités acquises à la science pour les soumettre à une nouvelle épreuve, ils ont remis en question les preuves de la liberté et, sous prétexte de les rajeunir, les ont enveloppées de formules scientifiques dont le moindre inconvénient est d'obscurcir les vérités qu'elles ont la prétention de définir (1).

Pendant que les philosophes et les savants ébranlent la notion du libre arbitre, le scepticisme et le découragement envahissent la société. Le danger des théories fatalistes n'est pas purement spéculatif; des hauteurs de la science elles sont descendues dans la conscience des foules, et le danger de l'heure actuelle, c'est moins la violence des chefs de partis que la connivence de la multitude qui s'est imprégnée,

---

(1) Ce n'est pas le lieu d'exposer ici la méthode qui convient aux vérités de l'ordre moral, signalons seulement au passage l'abus des termes techniques, *la statique et la mécanique intellectuelle...*, empruntés aux sciences physiques et appliqués à la psychologie.

pour ainsi dire, des doctrines fatalistes répandues de tous côtés par les écoles prétendues scientifiques. Comme l'a fait remarquer l'un des plus dignes représentants de la philosophie contemporaine, « ces idées se répandent bien loin au delà des régions savantes où elles sont nées; leur propagande active, continue, ne se fait pas seulement dans les mille publications scientifiques que chaque jour voit éclore, elle se reconnaît dans les entretiens et les discussions même familières, elle se marque dans les improvisations de la tribune ou de la presse. C'est à cette influence qu'il faut, à n'en pas douter, attribuer le développement extraordinaire des théories contemporaines qui, sous les formes les plus variées, nient l'origine supérieure de la justice et la réduisent à un fait psychologique ou à un instinct. Sous l'action lente mais irrésistible de ces idées, la conscience humaine se décompose et s'énerve. Par un étalage hors de propos d'arguments scientifiques, on l'amène à douter d'elle-même; elle subit une crise profonde dont les résultats apparaissent successivement au jour et sont loin d'être épuisés (1). »

Ces doctrines, dont Vauvenargues a été l'un des promoteurs, et qui élèvent le fait à la hauteur d'un principe, qui considèrent le nombre comme dernière raison des choses et seul organe de la justice, qui sacrifient le droit individuel

____

(1) E. Caro, *Problèmes de la morale sociale*, préface.

aux exigences de l'espèce, ont porté leurs fruits. « Ce qui est vraiment à craindre, ajoute plus loin l'éminent philosophe que nous citions tout à l'heure, c'est que par ces négations accumulées on n'arrive à ébranler l'idée de la responsabilité dans la conscience des individus. Le mal est déjà fait pour la conscience des masses. De terribles exemples nous ont montré que les crimes des foules semblent n'être pas des crimes, et que les responsabilités collectives ne paraissent pas lourdes à porter. Le mal serait irréparable, s'il venait à s'étendre aux responsabilités individuelles; un peuple serait bien près d'être perdu le jour où le plus grand nombre des citoyens qui le composent ne verraient plus dans la responsabilité morale qu'un reste de superstition, et dans la pénalité qu'un artifice légal, imaginé pour protéger des intérêts (1). »

Ces maximes de tolérance qui mettent sur le même pied l'homme pervers et le bossu, ont fini par altérer la notion du bien et du mal. Maintenant ce n'est plus de la tolérance, ce sont les droits méconnus de l'erreur égalés à ceux de la vérité, et, comme l'équilibre est instable et que les choses humaines ne peuvent se maintenir longtemps dans le même état, ce sont le mensonge et le crime prenant leur revanche, poursuivant légalement la vérité et la vertu, devenues des obstacles au bien public.

D'après ces théories monstrueuses qui menacent de tout

____

(1) E. Caro, *Problèmes de morale sociale*, p. 278.

envahir, la loi, c'est le nombre; le droit, c'est la force. Faire appel à la justice éternelle et déclarer qu'il vaut mieux obéir à Dieu qu'aux hommes, c'est outrager le représentant de la nation et faire acte de rébellion. Qui ne voit combien il est urgent de réagir contre ces doctrines avilissantes, et de se dévouer à la défense des vérités morales et religieuses, qui seules donnent du prix à la vie humaine! Tout honnête homme, à quelque parti qu'il appartienne, doit opposer l'autorité de sa parole et l'exemple de sa vie aux attaques dirigées contre elles, et les mettre à l'abri de ces prétendants éhontés qui voudraient les profaner et les étouffer, s'il se pouvait, dans la conscience des hommes.

Si Vauvenargues vivait aujourd'hui, éclairé par l'expérience, il combattrait ces funestes doctrines et ne se ferait plus un jeu d'opposer la raison à la foi. En réfutant son *Traité sur le libre arbitre*, nous avons cru répondre aux plus généreuses aspirations de sa noble nature; car, si faible et maladif, il s'est laissé entraîner par les idées qui circulaient autour de lui; dans le fond de l'âme, il avait assez de vigueur pour abjurer les conséquences de sa doctrine. On peut lui appliquer ces paroles qu'il met dans la bouche de Clazomène, son portrait le plus fidèle : « Qu'on ne pense pas que Clazomène eût voulu changer sa misère pour la prospérité des hommes faibles : la fortune peut se jouer de la sagesse des gens courageux, mais il ne lui appartient pas de faire fléchir leur courage. »

Nous aimons à croire qu'au dernier jour de sa triste carrière, il s'est rappelé ces consolantes paroles qu'il écrivait deux ans avant sa mort, dans son *Discours sur l'inégalité des richesses :* « Accablé d'afflictions dans la force de mon âge, ô mon Dieu ! si vous n'étiez pas ou si vous n'étiez pas pour moi, seul et délaissé dans ses maux, où mon âme espérerait-elle ? Serait-ce à la vie qui m'échappe et me mène vers le tombeau par les détresses ? Serait-ce à la mort, qui anéantirait avec la vie tout mon être ? »

Vu et lu :

Rennes, le 11 juillet 1880.

Pour le Doyen empêché,

A. NICOLAS.

Vu : *Le Recteur,*

J. JARRY.

TABLE DES MATIÈRES.

Typ. Oberthür et fils, à Rennes, faubourg de Paris, 42.

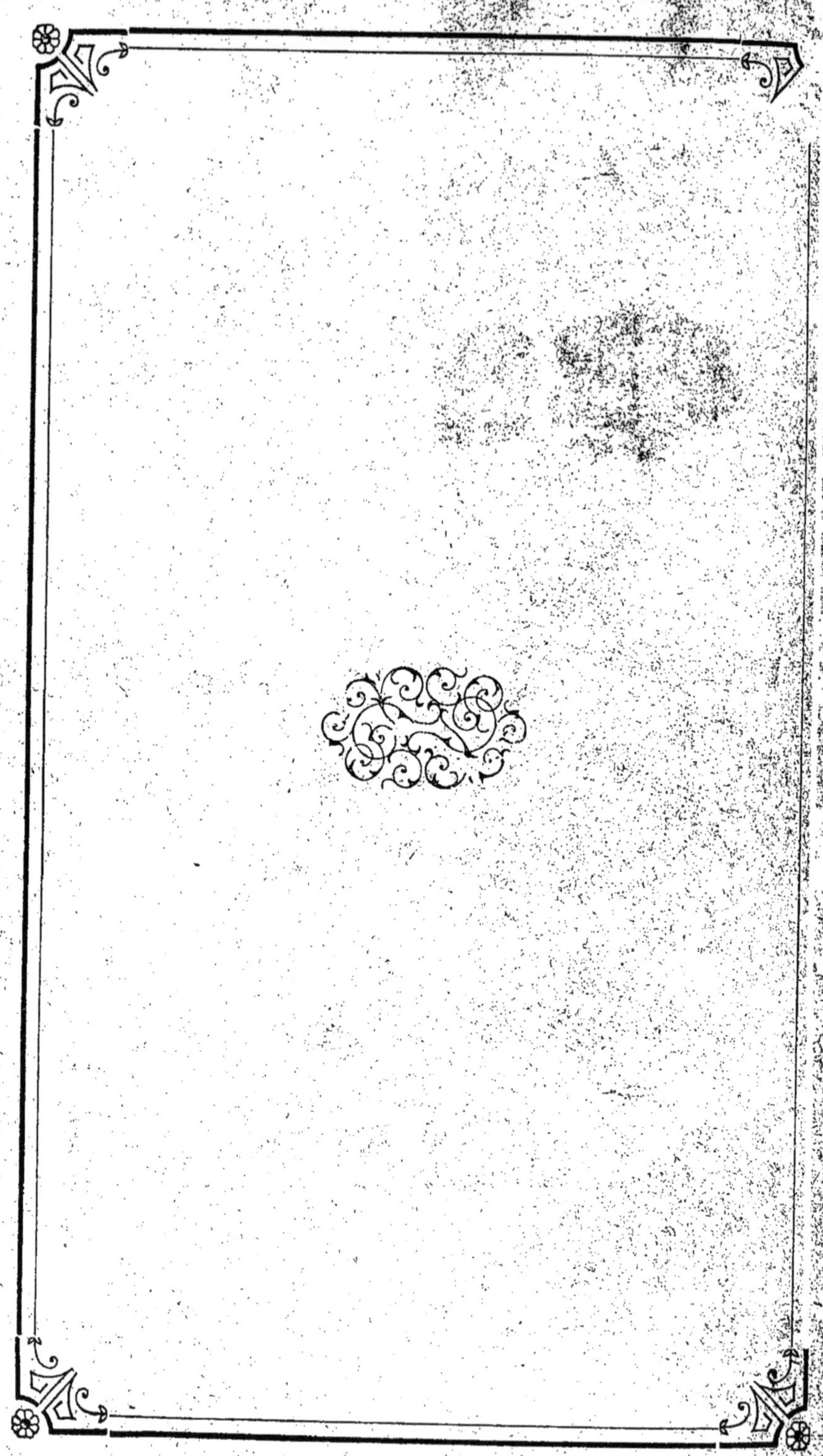